50패턴으로 여행하는
랜드마크 영어회화

랜드마크 영어회화

2판 1쇄 인쇄 2018년 3월 16일
2판 2쇄 발행 2021년 1월 2일

지은이	남궁의용
발행인	임충배
홍보/마케팅	김정실
편집	양경자
디자인	여수빈
펴낸곳	도서출판 삼육오 (PUB.365)
제작	(주)피앤엠123

출판신고 2014년 4월 3일
등록번호 제406-2014-000035호

경기도 파주시 산남로 183-25
TEL 031-946-3196 / FAX 031-946-3171
홈페이지 www.pub365.co.kr

ISBN 979-11-86533-81-9 13740
© 2018 PUB.365 & 남궁의용

· 저자와 출판사의 허락 없이 내용 일부를 인용하거나 발췌하는 것을 금합니다.
· 저자와의 협의에 의하여 인지는 붙이지 않습니다.
· 가격은 뒤표지에 있습니다.
· 잘못 만들어진 책은 구입처에서 바꾸어 드립니다.

이 도서의 국립중앙도서관 출판예정도서목록(CIP)은 서지정보유통지원시스템 홈페이지(http://seoji.nl.go.kr)와
국가자료공동목록시스템(http://www.nl.go.kr/kolisnet)에서 이용하실 수 있습니다. (CIP제어번호: CIP2018005781)

50패턴 으로 여행하는
랜드마크 영어회화

남궁의용 지음

Pub.365

머리말

재미있게 공부하고
새로운 개념으로
접근하는 영어

이 책은 영어에 관심이 있는 분들이
좀 더 재미있게 영어회화를 했으면 하는 바람으로 출간하게 되었습니다.
조금은 새로운 concept을 통해 독자분들이 좀 더 재미있게 영어를 공부할 수 있고,
즐기면서 하는 대상으로 바뀌었으면 하는 바람입니다.
여러분들이 이곳에 소개된 모든 곳을 방문하여,
배운 영어를 모두 사용할 수는 없을지라도,
영어회화 학습에 조그만 기초가 되었으면 합니다.
저도 좋은 회화 교재를 만들 수 있도록 열심히 노력하겠습니다.
감사합니다.

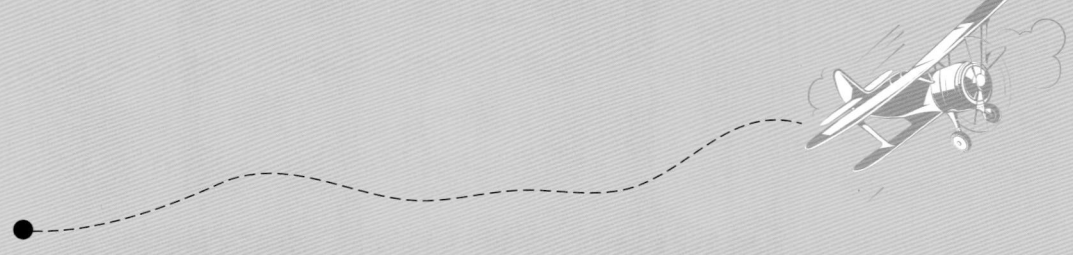

저자 **남궁의용**
심정 CPi 편집 이사
강남어학원 영어팀장
(주)넥서스 영어연구소 이사
홍익미디어 플러스 편집장
5개년 EBS 수능 영단어 RESCUE외 다수의 중고등 영어 교재 집필

미국 사전 입국심사

미국 사전 입국 심사란?

미국 정부는 2005년 10월 4일부터 '국경보안 강화 사전 입국심사제도(EBS APIS : Enhanced Boarder Security Advance Pas-senger Information System)를 시행하고 있습니다. 출국하는 모든 미국행 승객은 미국 세관 이민국에 여권정보 및 현지 체류지 주소를 항공기 출발 전에 제출하셔야 합니다. 단, 8시간 이내 환승 승객이나 미국 시민권자, 영주권자, 외국인등록증 소지자는 현지 체류지 주소는 제출할 필요가 없습니다.

국경보안 강화 법안(Enhanced Boarder Security Act)에 근거한 이번 사전 입국심사제도 개정안은 미국 정부가 9/11 테러 이후 위험인물의 자국 내 입국을 사전에 차단하고자 기존의 심사제도를 더욱 강화하여 제정한 것으로 항공사 시스템을 통한 승객의 여권 정보 및 현지 체류지 주소 전송을 의무화하고 있습니다. 따라서 미주행 항공권을 구입하신 여행사 등을 통해 정보를 등록할 수 있습니다.

사전에 제출해야 하는 여행자 정보

* 여권 번호 / 생년월일 / 국적
* 여권발급 국가 / 여권 만료일
* 미국 방문 시 체류지 주소

체류지 주소는 번지(Street), 도시(City), 주(State), 우편번호(Zip Code)

세관 신고서

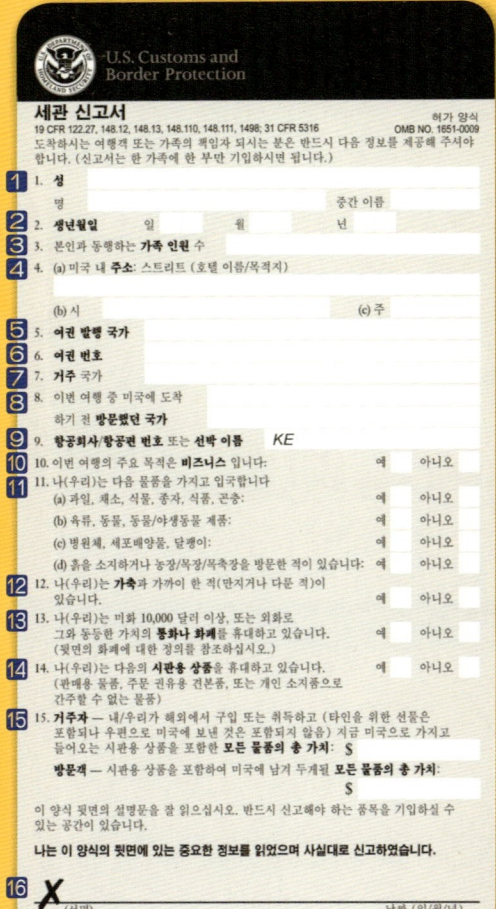

1	성명
2	생년월일
3	동행 (가족) 인원 수
4	미국 내 체류주소
5	여권 발행 국가
6	여권 번호
7	거주 국가
8	미국 도착 전 방문 국가
9	항공사 / 항공편명
10	여행 목적
11	소지 물품 확인
12	가축 접촉 여부
13	외화 소지 여부
14	시판용 상품 휴대 여부
15	(거주자/방문객) 소지 물품 가치
16	서명 / 날짜

입국심사 대표 질문

Q 여권을 보여주세요. — May I see your passport, please?

A 여기 있습니다. — Here you are.

Q 어디서 오셨나요? — Where are you from?

A 한국입니다. — I'm from Korea.

Q 방문 목적은 무엇인가요? — What's the purpose of your visit?

A 관광입니다. — Sightseeing.

Q 직업은 무엇인가요? — What's your job?

A 학생입니다. — I'm a student.

Q 미국에 얼마나 체류하나요? — How long are you going to stay in America?

A 15일입니다. — 15 days.

Q 어디에서 머무르실 건가요? — Where are you going to stay in America?

A 뉴욕 플라자 호텔입니다. — At the Plaza Hotel in New York City.

Q 귀국 항공편 티켓은 있나요? — Do you have a return ticket to Korea?

A 네, 여기 있습니다. — Yes, here it is.

목차

패턴	페이지	랜드마크	페이지
얼마나 긴~?	12	1. 브루클린 브리지	
어떻게~?	16	2. 자유의 여신상	
몇~?	20	3. 그랜드센트럴터미널	
~해야 합니까?	24	4. 센트럴 파크	
~해주시겠습니까?	32	5. 타임 스퀘어	
당신은 ~할 수 있습니다	36	6. US 루트 66	
당신은 ~해본 적 있습니까?	40	7. 나이아가라 폭포	
어떤 종류의~?	44	8. 메트로폴리탄 미술관	
그곳은 ~에 좋은 장소입니까?	52	9. 소호	
~로 알려진	56	10. 애틀랜틱 시티	
~있습니다	60	11. 워싱턴 기념탑	
처음 ~는 누구입니까?	64	12. 백악관	
왜 ~는지 아십니까?	72	13. 링컨 기념관	
얼마나 걸립니까?	76	14. 엠파이어 스테이트 빌딩	
얼마나 ~?	80	15. 그랜드 캐니언	
~라고 합니다	84	16. 금문교	
얼마나/얼마만큼 ~?	92	17. 모하비 사막	
~할 나이	96	18. 라스 베이거스	
어떻게 생각합니까?	100	19. 유니버설 스튜디오 할리우드	
~할 것입니다	104	20. 나파밸리	
~하는 게 어떻습니까?	112	21. 인앤아웃 버거	
~보다 더 ~합니다	116	22. 스페이스 니들	
거기 ~가 있습니까?	120	23. 파이크 플레이스 마켓	
어디서 ~합니까?	124	24. 라이드 덕스	
나는 ~라고 생각합니다	132	25. 샌프란시스코 케이블카	

그들은 ~라고 말합니다	136	**26.** 알카트라즈	
나는 ~하고 싶습니다	140	**27.** 피셔맨스 워프	
~와 같은	144	**28.** 요세미티 국립공원	
그는 ~을 가지고 있습니까?	152	**29.** 명예의 거리	
얼마나 자주 ~?	156	**30.** 뉴욕 지하철	
거기에 ~가 있습니까?	160	**31.** 구겐하임 미술관	
왜 ~입니까?	164	**32.** 코니아일랜드	
~하는 것이 무료입니까?	172	**33.** 911 추모관	
어느 쪽이~입니까?	176	**34.** 러시모어 산	
우리가 ~을 할 수 있습니까?	180	**35.** 옐로운 스톤 국립공원	
나는 ~하고 싶습니다	184	**36.** 뉴 말나티 피자리아	
당신은 ~원합니까?	192	**37.** 하버드 대학교	
몇 시에 ~?	196	**38.** 뉴욕 공립 도서관	
~가 필요합니까?	200	**39.** 치즈케이크 팩토리	
~로 유명합니다	204	**40.** 버번 스트리트	
무엇으로 만들어졌습니까?	212	**41.** 후버 댐	
~하는 게 어떻습니까?	216	**42.** 펜웨이 파크	
~ 있습니까?	220	**43.** 그리피스 천문대	
~합시다	224	**44.** 푸드 트럭	
~ 하고 싶지만	232	**45.** 디즈니랜드	
~가 무엇입니까?	236	**46.** 식스플래그스 매직마운틴	
~같이 보입니까?	240	**47.** 마리나시티	
누가 ~?	244	**48.** 클라우드 게이트	
현재까지 ~했습니다	252	**49.** 월 스트리트	
~ 합니까?	256	**50.** UCLA	

학습 방법 | 랜드마크 영어회화

랜드마크 정보와 유래
언어를 배울 때 그 언어를 쓰는 나라에 대해 알면 많은 도움이 됩니다.
각 랜드마크의 역사와 문화, 배경을 담았습니다.

랜드마크 위치 표시
지도를 통해 각 랜드마크의 위치를 파악할 수 있도록 했습니다.

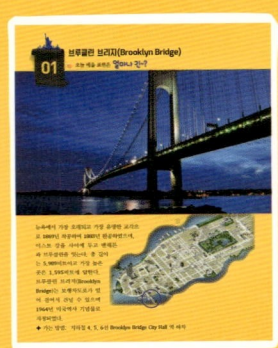

미리 만나보고 들어보고 말해 보아요.
각 랜드마크에 관한 궁금한 점들을 간단한 영어회화를 통해
알 수 있도록 구성했습니다.
실생활에 사용할 수 있는 다양한 표현들이 있어
영어 공부에 많은 도움이 될 것입니다.
이 표현들을 눈으로 익히고, 원어민 음성을 통해 귀로 듣고, 직접 말해 보세요.

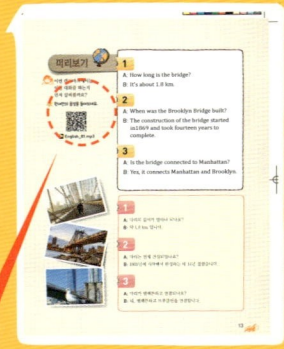

QR코드가 보인다면 스마트폰으로 찍어보세요!
각 챕터에서 배울 문장을 원어민 음성으로 들을 수 있어요.

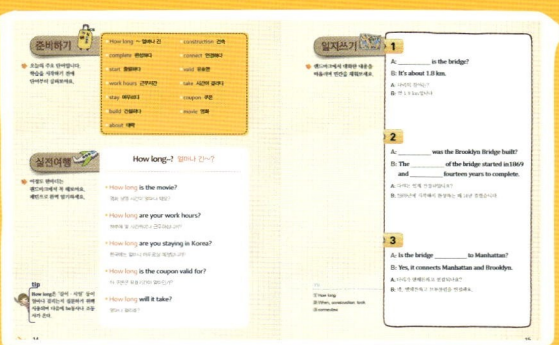

대화문에 삽입된 단어도 보고 패턴도 익히고!
미리보기에서 사용한 표현 중에서 중요하다고 생각되는 표현들을 골라 집중적으로 그 표현들을 공부할 수 있도록 구성했습니다.
미리보기의 내용을 한 번 더 복습할 수 있도록 구성했습니다.

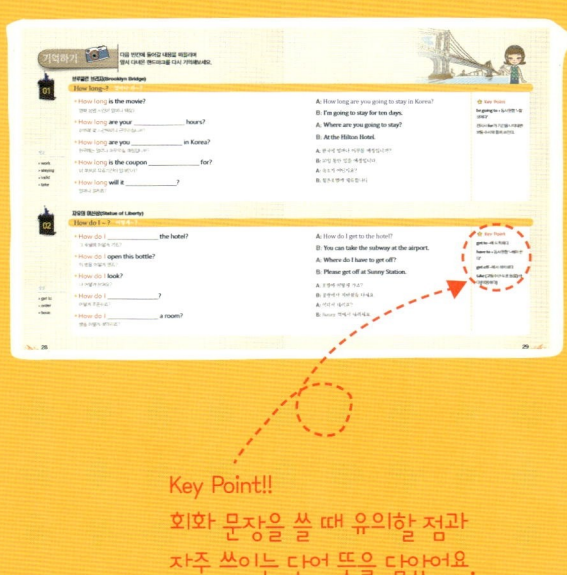

기억하고 또 기억하기
힘들게 공부한 걸 쉽게 잊어버리면 참~ 억울하겠죠?
실전 여행에 등장한 문장들을 한 번 더 복습하는 공간으로 간단한 문법 설명이 추가되어 좀 더 심도 있게 패턴 영어를 학습할 수 있습니다.
실전 여행에 등장한 문장들을 이용하여 실생활에서 일어날 수 있는 상황들을 영어로 구성했습니다.

Key Point!!
회화 문장을 쓸 때 유의할 점과
자주 쓰이는 단어 뜻을 담았어요.

MP3 다운로드 방법
www.pub365.co.kr 홈페이지 접속 》 도서 자료실 》 50패턴으로 여행하는 랜드마크 영어 회화 클릭

QR코드로 사용 방법
스마트폰에 QR코드 어플을 다운로드하신 후, 어플을 실행시키면 사진 촬영 화면이 나와요.
QR코드를 화면에 맞춘 후 찰칵~ 찍어보세요!

01 브루클린 브리지(Brooklyn Bridge)

오늘 배울 표현은 **얼마나 긴~?**

뉴욕에서 가장 오래되고 가장 유명한 교각으로 1869년 착공하여 1883년 완공하였으며, 이스트 강을 사이에 두고 맨해튼과 브루클린을 잇는다. 총 길이는 5,989피트이고 가장 높은 곳은 1,595피트에 달한다. 브루클린 브리지(Brooklyn Bridge)는 보행자도로가 있어 걸어서 건널 수 있으며 1964년 미국역사 기념물로 지정되었다.

✚ 가는 방법: 지하철 4, 5, 6선 Brooklyn Bridge City Hall 역 하차

미리보기

 이번 랜드마크에서는 어떤 대화를 하는지 먼저 살펴볼까요?

 원어민의 음성을 들어보세요.

English_01.mp3

1
A: How long is the bridge?
B: It's about 1.8 km.

2
A: When was the Brooklyn Bridge built?
B: The construction of the bridge started in 1869 and took fourteen years to complete.

3
A: Is the bridge connected to Manhattan?
B: Yes, it connects Manhattan and Brooklyn.

1
A: 다리의 길이가 얼마나 되나요?
B: 약 1.8 km 입니다.

2
A: 다리는 언제 건설되었나요?
B: 1869년에 시작해서 완성하는 데 14년 걸렸습니다.

3
A: 다리가 맨해튼하고 연결되나요?
B: 네, 맨해튼하고 브루클린을 연결합니다.

준비하기

오늘의 주요 단어입니다.
학습을 시작하기 전에
단어부터 살펴보아요.

- How long ~ 얼마나 긴
- complete 완성하다
- start 출발하다
- work hours 근무시간
- stay 머무르다
- build 건설하다
- about 대략
- construction 건축
- connect 연결하다
- valid 유효한
- take 시간이 걸리다
- coupon 쿠폰
- movie 영화

실전여행

이정도 한마디는
랜드마크에서 꼭 해보아요.
패턴으로 완벽 암기하세요.

How long~? 얼마나 긴~?

- **How long** is the movie?
  영화 상영 시간이 얼마나 됩니까?

- **How long** are your work hours?
  하루에 몇 시간씩 근무합니까?

- **How long** are you staying in Korea?
  한국에는 얼마나 머무를 예정입니까?

- **How long** is the coupon valid for?
  이 쿠폰은 유효기간이 얼마입니까?

- **How long** will it take?
  얼마나 걸립니까?

tip
How long은 '길이·시일' 등이 얼마나 걸리는지 질문하기 위해 사용되며 다음에 be동사나 조동사가 온다.

일지쓰기

➡ 랜드마크에서 대화한 내용을 떠올리며 빈칸을 채워보세요.

1

A: _____ is the bridge?

B: It's about 1.8 km.

A: 다리의 길이가 얼마나 되나요?
B: 약 1.8 km입니다.

2

A: _____ was the Brooklyn Bridge built?

B: The _____ of the bridge started in 1869 and _____ fourteen years to complete.

A: 다리는 언제 건설되었나요?
B: 1869년에 시작해서 완성하는 데 14년 걸렸습니다.

3

A: Is the bridge _____ to Manhattan?

B: Yes, it connects Manhattan and Brooklyn.

A: 다리가 맨해튼하고 연결되나요?
B: 네, 맨해튼하고 브루클린을 연결합니다.

정답
1 How long
2 When, construction, took
3 connected

02 자유의 여신상(Statue of Liberty)

오늘 배울 표현은 **어떻게~?**

미국과 프랑스 간의 우정을 기념하기 위해 세워졌다. 높이가 46.1m, 무게가 225t이며, 프랑스에서 완성되었고 1885년 뉴욕으로 이송되어 LibertyIsland에 세워졌다. 받침대를 포함한 높이는 93m이고 오른손에 햇불을 들고 있으며, 왼손에는 1776년 7월 4일이라는 날짜가 새겨진 서판을 들고 있다. 발코니까지 엘리베이터가 운행되며 머리 부분의 전망대까지는 나선형 계단이 설치되어 있어 사람들이 걸어 올라갈 수 있다.

✚ 가는 방법: 배터리 공원(Battery Park)의 자유의 여신상 매표소에서 티켓을 구매한 후 페리를 타고 들어간다.

미리보기

 이번 랜드마크에서는 어떤 대화를 하는지 먼저 살펴볼까요?

원어민의 음성을 들어보세요.

English_02.mp3

1
A: How tall is the Statue of Liberty?
B: The Statue of Liberty is about 93m from the ground to the tip of the flame.

2
A: Where is the Statue of Liberty?
B: It is on Liberty Island.

3
A: How do I get to the Statue of Liberty?
B: There is a ferry you can take to Liberty Island.

1
A: 자유의 여신상은 높이가 얼마나 되나요?
B: 지면에서 햇불까지 약 93m입니다.

2
A: 자유의 여신상은 어디에 있나요?
B: Liberty 섬에 있습니다.

3
A: 자유의 여신상에 어떻게 가나요?
B: Liberty 섬에 가는 페리를 이용할 수 있습니다.

준비하기

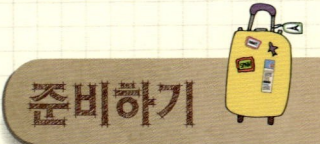

오늘의 주요 단어입니다. 학습을 시작하기 전에 단어부터 살펴보아요.

- statue 조각상
- ground 바닥
- get to ~에 도착하다
- take [탈것을] 이용하다
- order 주문하다, 출발하다
- liberty 자유
- open ~을 열다
- tip ~의 끝
- flame 횃불, 불길
- ferry 페리, 연락선
- bottle 병
- book 예약하다
- how tall 얼마나 큰

실전여행

이정도 한마디는 랜드마크에서 꼭 해보아요. 패턴으로 완벽 암기하세요.

How do I ~? 어떻게 ~?

- **How do I get to the hotel?**
  그 호텔에 어떻게 갑니까?

- **How do I open this bottle?**
  이 병을 어떻게 열어야 합니까?

- **How do I look?**
  내가 어때 보입니까?

- **How do I order?**
  어떻게 주문합니까?

- **How do I book a room?**
  방을 어떻게 예약합니까?

'How do I'는 상대방에게 방법을 질문할 때 사용하며 원형동사가 이어져야 한다.

일지쓰기

랜드마크에서 대화한 내용을 떠올리며 빈칸을 채워보세요.

1

A: _____ is the Statue of Liberty?

B: The Statue of Liberty is about 93m _____ ground _____ the tip of the flame.

A: 자유의 여신상은 높이가 얼마나 되나요?
B: 지면에서 횃불까지 약 93m입니다.

2

A: _____ is the Statue of Liberty?

B: It is on Liberty Island.

A: 자유의 여신상은 어디에 있나요?
B: Liberty 섬에 있습니다.

3

A: How do I _____ the Statue of Liberty?

B: There is a ferry you can _____ to Liberty Island.

A: 자유의 여신상에 어떻게 가나요?
B: Liberty 섬에 가는 페리를 이용할 수 있습니다.

정답
1 How tall, from, to
2 Where
3 get to, take

03 그랜드센트럴터미널(Grand Central Terminal)

🔸 오늘 배울 표현은 **몇~?**

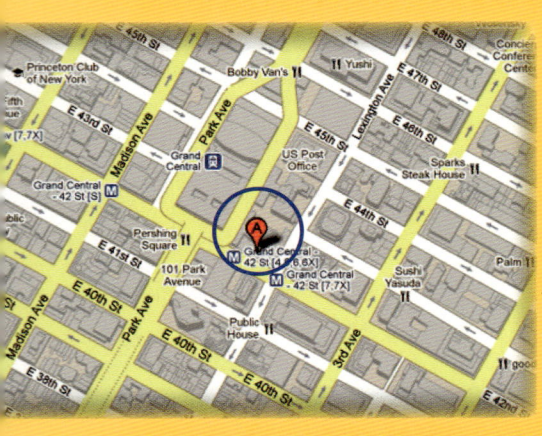

맨해튼의 미드타운 중심에 있는 기차역이다. 그랜드 센트럴 역 또는 단순히 그랜드 센트럴로 불리며 전 세계를 통틀어 가장 큰 역이다. 주로 뉴욕 근교 거주자들이 이 역을 이용하고 있으며 매년 1억 명의 사람들이 이 역을 이용한다. 세계에서 가장 큰 기차역인 만큼 건축미도 뛰어나고 기차역뿐만 아니라 쇼핑할 수 있는 상점들과 푸드 코트도 있어 밖에 나가지 않아도 식사를 해결할 수 있다. 그랜드 센트럴 터미널의 유명한 볼거리 중 하나는 미네르바, 헤라클레스, 머큐리 조각상에 둘러싸인 시계이다.

✚ 위치: 맨해튼 42번가 Park Ave 사이에 위치

미리보기

 이번 랜드마크에서는 어떤 대화를 하는지 먼저 살펴볼까요?

⭐ 원어민의 음성을 들어보세요.

English_03.mp3

1
A: What is Grand Central Terminal?
B: It is a train station in New York City.

2
A: Why is Grand Central Terminal so famous?
B: It's one of the largest train stations in the world.

3
A: How many people use the station a day?
B: About 200,000 commuters use the station every day.

1
A: Grand Central Terminal이 무엇인가요?
B: 뉴욕에 있는 기차역입니다.

2
A: Grand Central Terminal이 왜 유명한가요?
B: 세계에서 가장 큰 기차역 중 하나입니다.

3
A: 하루에 얼마나 많은 사람이 이용하나요?
B: 매일 약 20만 명의 통근자들이 이용합니다.

준비하기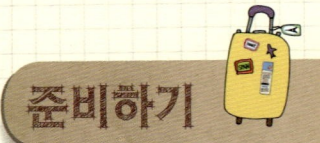

오늘의 주요 단어입니다.
학습을 시작하기 전에
단어부터 살펴보아요.

- station 기차역
- terminal 터미널, 공항 터미널
- use 이용하다
- in a week 일주일에
- in the world 전 세계에서
- a day 하루에
- a cup of coffee 커피 한 잔
- largest 가장 큰
- famous 유명한
- commuter 통근자
- every day 매일
- party 단체, 당사자
- drink 마시다

실전여행

이정도 한마디는
랜드마크에서 꼭 해보아요.
패턴으로 완벽 암기하세요.

How many ~ ? 몇~?

- How many people are there in your family?
  당신의 식구는 몇 명입니까?

- How many days are there in a week?
  1주일은 며칠입니까?

- How many people are in your party?
  파티에 몇 명이 옵니까?

- How many books do you have?
  몇 권의 책을 가지고 있습니까?

- How many cups of coffee do you drink a day?
  하루에 커피를 몇 잔 마십니까?

tip
'몇 개 또는 몇 사람' 등을 물을 때 사용하는 의문문으로 How many 다음에 복수 명사가 온다.

일지쓰기

랜드마크에서 대화한 내용을 떠올리며 빈칸을 채워보세요.

1

A: _____ is Grand Central Terminal?

B: It is a train station in New York City.

A: Grand Central Terminal이 무엇인가요?
B: 뉴욕에 있는 기차역입니다.

2

A: Why is Grand Central Terminal so _____?

B: It's one of the _____ train stations in the world.

A: Grand Central Terminal이 왜 유명한가요?
B: 세계에서 가장 큰 기차역 중 하나입니다.

3

A: How many people _____ the station a day?

B: About 200,000 _____ use the station every day.

A: 하루에 얼마나 많은 사람이 이용하나요?
B: 매일 약 20만 명의 통근자들이 이용합니다.

정답
1. What
2. famous, largest
3. use, commuters

04 센트럴 파크(Central Park)

오늘 배울 표현은 ~해야 합니까?

뉴욕의 중심지인 맨해튼 한가운데 자리 잡은 공원이다. 남북 길이 4.1km, 동서 길이 0.83km의 직사각형으로 면적은 3.41km²이다. 공원에는 수목이 우거진 작은 숲, 정원, 호수 등이 있으며, 조깅, 산책, 승마, 자전거 등을 위한 길과 동물원, 아이스 스케이팅 링크, 회전목마, 야외극장 등의 볼거리와 즐길 거리가 있다. 해마다 2,500만 명의 관광객이 이곳을 찾으며, 미국 전역을 통틀어 가장 많은 사람이 찾는 공원으로 꼽힌다. 연중무휴로 개방하되, 매일 오전 1시에서 6시까지 5시간은 출입을 금지한다.

✚ 위치: Between Fifth Avenue and Central Park West 59th Street to 110th Street

 미리보기

이번 랜드마크에서는 어떤 대화를 하는지 먼저 살펴볼까요?

원어민의 음성을 들어보세요.

English_04.mp3

1

A: Do I have to pay an admission fee to get into Central Park?
B: No, you don't have to.

2

A: What is in the park?
B: There are lakes, jogging tracks, icerinks, playgrounds, beautiful gardens,etc.

3

A: Is it open every day?
B: Yes, it is open every day except from 1 a.m. to 6 a.m.

1

A: Central Park에 가려면 입장료를 내야 하나요?
B: 아니요, 입장료를 낼 필요가 없습니다.

2

A: 공원 안에는 무엇이 있나요?
B: 호수, 조깅 코스, 아이스링크, 놀이터, 아름다운 정원 등이 있습니다.

3

A: 매일 개방하나요?
B: 오전 1시부터 6시를 제외하고 매일 개방합니다.

준비하기

오늘의 주요 단어입니다.
학습을 시작하기 전에
단어부터 살펴보아요.

- pay 지불하다
- have to ~해야 한다
- get into 입장하다
- playground 운동장
- except ~를 제외하고
- dress up 의복을 차려입다
- do the dishes 설거지를 하다
- admission fee 입장료
- lake 호수
- track 트랙
- garden 정원
- extra charge 추가 요금
- attend 참석하다

실전여행

이정도 한마디는
랜드마크에서 꼭 해보아요.
패턴으로 완벽 암기하세요.

Do I have to ~? ~해야 합니까?

- **Do I have to** pay an extra charge?
  별도의 요금을 내야 합니까?

- **Do I have to** dress up?
  정장을 입어야 합니까?

- **Do I have to** do that?
  그것을 꼭 해야 합니까?

- **Do I have to** attend the meeting?
  회의에 참석해야 합니까?

- **Do I have to** do the dishes?
  설거지를 해야 합니까?

tip
'내가 ~해야 하나요?' 라는 뜻으로 상대방에게 의견을 물을 때 사용하는 표현으로 have to 다음에 동사원형이 온다.

일지쓰기

랜드마크에서 대화한 내용을 떠올리며 빈칸을 채워보세요.

1

A: Do I have to pay an _____ fee to get into Central Park?

B: No, you don't have to.

A: Central Park에 가려면 입장료를 내야 하나요?
B: 아니요. 입장료를 낼 필요가 없습니다.

2

A: What is _____ the park?

B: There are lakes, _____, ice rinks, playgrounds, beautiful gardens, etc.

A: 공원 안에는 무엇이 있나요?
B: 호수, 조깅 코스, 아이스링크, 놀이터, 아름다운 정원 등이 있습니다.

3

A: Is it open every day?

B: Yes, it is open every day _____ from 1 a.m. to 6 a.m.

A: 매일 개방하나요?
B: 오전 1시부터 6시를 제외하고 매일 개방합니다.

정답
1 admission
2 in, jogging tracks
3 except

기억하기

다음 빈칸에 들어갈 내용을 떠올리며 앞서 다녀온 랜드마크를 다시 기억해보세요.

01

브루클린 브리지(Brooklyn Bridge)

How long~? 얼마나 긴~?

- **How long** is the movie?
  영화 상영 시간이 얼마나 됩니까?

- **How long** are your _____ hours?
  하루에 몇 시간씩 근무합니까?

- **How long** are you _____ in Korea?
  한국에는 얼마나 머무를 예정입니까?

- **How long** is the coupon _____ for?
  이 쿠폰은 유효기간이 얼마입니까?

- **How long** will it _____?
  얼마나 걸립니까?

정답
» work
» staying
» valid
» take

02

자유의 여신상(Statue of Liberty)

How do I ~ ? 어떻게~?

- **How do I** _____ the hotel?
  그 호텔에 어떻게 갑니까?

- **How do I** open this bottle?
  이 병을 어떻게 열어야 합니까?

- **How do I** look?
  내가 어때 보입니까?

- **How do I** _____?
  어떻게 주문합니까?

- **How do I** _____ a room?
  방을 어떻게 예약합니까?

정답
» get to
» order
» book

A: How long are you going to stay in Korea?

B: I'm going to stay for ten days.

A: Where are you going to stay?

B: At the Hilton Hotel.

A: 한국에 얼마나 머무를 예정인가요?

B: 10일 동안 있을 예정이에요.

A: 숙소가 어딘가요?

B: 힐튼호텔이에요.

Key Point

be going to + 동사원형 '~할 것이다'

전치사 for가 기간을 나타내면 보통 수사와 함께 쓰인다.

A: How do I get to the hotel?

B: You can take the subway at the airport.

A: Where do I have to get off?

B: Please get off at Sunny Station.

A: 호텔에 어떻게 가죠?

B: 공항에서 지하철을 타세요.

A: 어디서 내리죠?

B: Sunny 역에서 내리세요.

Key Point

get to ~에 도착하다

have to + 동사원형 '~해야 한다'

get off ~에서 하차하다

take (교통수단·도로 등을) 타다 [이용하다]

기억하기

다음 빈칸에 들어갈 내용을 떠올리며
앞서 다녀온 랜드마크를 다시 기억해보세요.

그랜드센트럴 터미널(Grand Central Terminal)

How many ~ ? 몇~?

- **How many** people are there in your family?
  당신의 식구는 몇 명입니까?

- **How many** _____ are there in a week?
  1주일은 며칠입니까?

- **How many** people are in your _____?
  파티에 몇 명이 옵니까?

- **How many** _____ do you have?
  몇 권의 책을 가지고 있습니까?

- **How many** cups of coffee do you drink a day?
  하루에 커피를 몇 잔 마십니까?

정답
- » days
- » party
- » books

센트럴 파크(Central Park)

Do I have to ~ ? ~해야 합니까?

- **Do I have to** _____ an extra charge?
  별도의 요금을 내야 합니까?

- **Do I have to** _____ ?
  정장을 입어야 합니까?

- **Do I have to** do that?
  그것을 꼭 해야 합니까?

- **Do I have to** _____ the meeting?
  회의에 참석해야 합니까?

- **Do I have to** _____ the dishes?
  설거지를 해야 합니까?

정답
- » pay
- » dress up
- » attend
- » do

A: How many cups of coffee do you drink a day?
B: Two or three cups of coffee. How about you?
A: I don't drink coffee at all.

A: 하루에 커피를 몇 잔 마시나요?
B: 두 세잔 마셔요. 당신은 몇 잔 마시나요?
A: 저는 커피를 마시지 않아요.

⭐ **Key Point**

How about 다음에는 명사나 동명사가 온다.

A: Would you refill my coffee?
B: Yes, I'll be back in a minute.
A: Do I have to pay an extra charge?
B: No, you don't have to.

A: 커피 좀 리필 해주시겠어요?
B: 예, 곧 돌아오겠습니다.
A: 추가 요금을 내야 하나요?
B: 아니요, 그럴 필요 없습니다.

⭐ **Key Point**

don't have to는 '~할 필요가 없다'라는 의미로 다음에 동사원형이 온다.

extra charge 추가 요금

05 타임 스퀘어(Times Square)

오늘 배울 표현은 **~해주시겠습니까?**

미국 뉴욕 미드타운 맨해튼에 있는 유명한 상업적 교차로로, 웨스트 42번가와 웨스트 47번가가 합쳐져 만난 7th avenue 와 브로드웨이가 교차하는 일대를 말한다. 타임 스퀘어에는 브로드웨이의 극장가가 모여 있고, 옥외 네온사인 광고로 유명하다. 세계에서 가장 붐비는 보행자용 교차로 중 한 곳이며, 매년 3,900만 명 이상의 관광객이 온다고 한다. 타임 스퀘어는 매일 약 300만 명 이상의 사람들이 지나가는데, 대부분 관광객이거나 뉴욕 지역에서 업무를 보는 사람들이다.

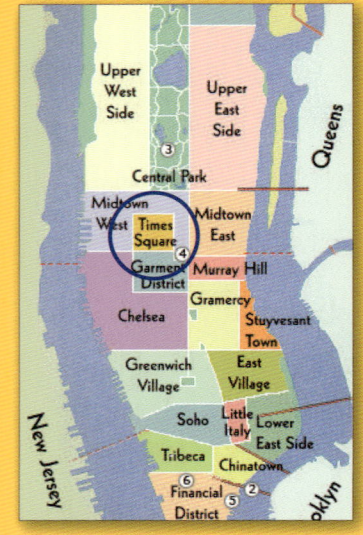

미리보기

이번 랜드마크에서는 어떤 대화를 하는지 먼저 살펴볼까요?

원어민의 음성을 들어보세요.

English_05.mp3

1
A: What is Times Square?
B: Times Square is a famous intersection in Manhattan, New York City.

2
A: What makes Times Square so famous?
B: Times Square is known for its many Broadway theatres and electronic billboards.

3
A: Can I get there by subway?
B: Sure, many subway lines stop at Times Square.

1
A: Times Square가 무엇인가요?
B: Times Square는 뉴욕시의 맨해튼에 있는 유명한 교차로입니다.

2
A: 왜 Times Square가 유명한가요?
B: 그곳은 많은 브로드웨이 극장들과 네온 광고판으로 유명합니다.

3
A: 그곳을 지하철로 갈 수 있나요?
B: 물론입니다. 많은 지하철이 그곳에서 정차합니다.

준비하기

🔶 오늘의 주요 단어입니다. 학습을 시작하기 전에 단어부터 살펴보아요.

- square 광장
- famous 유명한
- theatre 극장
- refill 리필, 다시 채우다
- doggy-bag (식당에서) 남은 음식을 싸 가는 봉지
- subway line 지하철 노선
- hand 도움
- intersection 교차로
- is known for ~로 알려진
- billboard 옥외 광고판
- by subway 지하철로
- baggage 짐
- so 매우

실전여행

🔶 이정도 한마디는 랜드마크에서 꼭 해보아요. 패턴으로 완벽 암기하세요.

Can I get ~? ~해주시겠습니까?

- **Can I get** some coffee?

  커피 좀 갖다 주시겠습니까?

- **Can I get** you something to drink?

  음료수 드시겠습니까?

- **Can I get** a doggy-bag for this?

  이것 좀 포장 해 주시겠습니까?

- **Can I get** a refill?

  리필 좀 해주시겠습니까?

- **Can I get** a hand with my baggage?

  짐 드는 것 좀 도와주시겠습니까?

tip
Can I get 다음에는 '명사'나 '대명사'가 오며 상대방에게 무언가를 부탁을 할 때 사용 할 수 있다.

일지쓰기

랜드마크에서 대화한 내용을 떠올리며 빈칸을 채워보세요.

1

A: What is Times Square?

B: Times Square is a famous _____ in Manhattan, New York City.

A: Times Square가 무엇인가요?
B: Times Square는 뉴욕시의 맨해튼에 있는 유명한 교차로입니다.

2

A: What makes Times Square so _____?

B: Times Square is known _____ its many Broadway theatres, and electronic billboards.

A: 왜 Times Square가 유명한가요?
B: 그곳은 많은 브로드웨이 극장들과 네온 광고판으로 유명합니다.

3

A: Can I _____ there _____ subway?

B: Sure, many subway _____ stop at Times Square.

A: 그곳을 지하철로 갈 수 있나요?
B: 물론입니다. 많은 지하철이 그곳에서 정차합니다.

정답

1 intersection
2 famous, for
3 get, by, lines

06

US 루트 66 (U.S Route 66)

오늘 배울 표현은 **당신은 ~할 수 있습니다**

일리노이주 시카고에서 캘리포니아주 산타모니카까지 잇는 길이 3,945km의 국도이다. 1926년 11월 26일에 완공하여 당시 미국 최초의 대륙횡단(동-서) 고속도로 중 하나로 Route 66은 8개의 주(일리노이주-미주리주-캔자스주-오클라호마주-텍사스주-뉴멕시코주-애리조나주-캘리포니아주)를 통과한다. 1985년 국도 66선은 폐선이 되었고 그 자리를 새롭게 건설된 고속도로가 대신하게 되었다. 현재는 주로 관광객들이 이용하고 있다.

미리보기

이번 랜드마크에서는 어떤 대화를 하는지 먼저 살펴볼까요?

원어민의 음성을 들어보세요.

English_06.mp3

1
A: What is U.S. Route 66?
B: It is one of the original highways in the U.S.

2
A: How many states does Route 66 go through?
B: Eight states.

3
A: Is Route 66 still in use?
B: It was officially closed in 1985, but you can still drive on most of it.

1
A: U.S. Route 66는 무엇인가요?
B: 미국 최초의 고속도로들 중 하나입니다.

2
A: U.S. Route 66는 몇 개의 주를 관통하나요?
B: 8개의 주를 관통합니다.

3
A: Route 66는 지금도 사용하나요?
B: 1985년 공식적으로 폐선 되었지만 대부분 도로를 운행할 수 있습니다.

준비하기

오늘의 주요 단어입니다.
학습을 시작하기 전에
단어부터 살펴보아요.

- route 루트, 길
- go through 통과하다
- in use 사용 중
- stay 체류하다
- whenever 언제든지
- please ~하고 싶다, 원하다
- original 최초의
- still 아직도
- officially 공식적으로
- for ~동안
- as much as ~만큼
- visit 방문하다

실전여행

이정도 한마디는
랜드마크에서 꼭 해보아요.
패턴으로 완벽 암기하세요.

You can ~. 당신은 ~할 수 있습니다

- **You can** use any computers in this room.
  이 방에 있는 컴퓨터 아무거나 사용해도 됩니다.

- **You can** stay here for five days.
  이곳에 5일 동안 머무를 수 있습니다.

- **You can** visit me whenever you want.
  당신이 원하면 언제든 저에게 방문해도 좋습니다.

- **You can** have as much as you like.
  원하는 만큼 가져도 됩니다.

- **You can** do as you please.
  당신 마음대로 해도 됩니다.

tip
조동사 can은 '가능, 능력, 허가' 등을 의미하며 can 다음에는 반드시 동사원형이 와야 한다.

일지쓰기

랜드마크에서 대화한 내용을 떠올리며 빈칸을 채워보세요.

1

A: What is U.S. Route 66?

B: It is one of the _____ highways in the U.S.

A: U.S. Route 66는 무엇인가요?
B: 미국 최초의 고속도로들 중 하나입니다.

2

A: How many states does Route 66 _____?

B: Eight states.

A: U.S. Route 66는 몇 개의 주를 관통하나요?
B: 8개의 주를 관통합니다.

3

A: Is Route 66 still in _____?

B: It was _____ closed in 1985, but you can still drive on _____ of it.

A: Route 66는 지금도 사용하나요?
B: 1985년 공식적으로 폐선 되었지만 대부분 도로를 운행할 수 있습니다.

정답

1 original
2 go through
3 use, officially, most

07 나이아가라 폭포(Niagara Falls)

오늘 배울 표현은 **당신은 ~해본 적 있습니까?**

미국 뉴욕주와 캐나다 온타리오주의 국경을 이루는 나이아가라강에 있는 폭포이다. 나이아가라 폭포는 두 개의 대형 폭포, 하나의 소형 폭포로 나뉘는데 이는 염소섬(Goat Island)을 기준으로 캐나다령의 캐나다 폭포와 미국령의 미국 폭포로 구별된다. 폭포로 인해 주변은 항상 안개가 껴 있으며, 미국 쪽 보다는 캐나다 쪽의 전망이 더 좋은 것으로 알려져 있다. 뉴욕주의 나이아가라 폭포가 위치한 도시와 캐나다의 온타리오주의 나이아가라 폭포가 있는 도시 사이는 강을 가로지르는 교각으로 연결되어 있다.

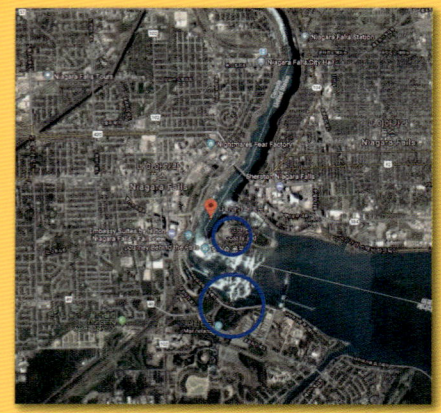

미리보기

 이번 랜드마크에서는 어떤 대화를 하는지 먼저 살펴볼까요?

 원어민의 음성을 들어보세요.

English_07.mp3

1
A: Have you ever been to Niagara Falls?
B: Yes, I have been there many times.

2
A: What is the best time of the year to visit Niagara Falls?
B: The best time to visit is from mid-May until mid-September.

3
A: Is there a charge to see the falls?
B: No, the park is free and open all year round.

1
A: 나이아가라 폭포에 가봤나요?
B: 여러 번 가봤습니다.

2
A: 나이아가라 폭포를 언제 방문하는 것이 가장 좋나요?
B: 5월 중순에서 9월 중순이 방문하기에 제일 좋습니다.

3
A: 입장료가 있나요?
B: 입장료가 없으며, 365일 개방되어 있습니다.

준비하기

오늘의 주요 단어입니다. 학습을 시작하기 전에 단어부터 살펴보아요.

- fall 폭포
- travel 여행하다
- weather 날씨
- mid 중간의
- charge 요금
- all year round 일년 내내
- in person 직접
- many times 여러 번
- visit 방문하다
- best time 좋은 시기
- September 9월
- free 무료의
- try 시도하다
- abroad 해외의

실전여행

이정도 한마디는 랜드마크에서 꼭 해보아요. 패턴으로 완벽 암기하세요.

Have you ever ~?
당신은 ~해본 적 있습니까?

- **Have you ever tried Korean food?**
  한국 음식 먹어본 적 있습니까?

- **Have you ever been to China?**
  중국에 가본 적 있습니까?

- **Have you ever seen any famous stars in person?**
  당신은 유명한 스타를 직접 본 적 있습니까?

- **Have you ever seen this movie before?**
  이 영화를 전에 본 적 있습니까?

- **Have you ever traveled abroad?**
  해외여행을 해 본 적 있습니까?

tip
Have you ever ~?은 상대방에게 과거부터 현재까지의 경험을 묻는 표현으로 ever 다음에 '과거분사'가 와야 한다.

일지쓰기

랜드마크에서 대화한 내용을 떠올리며 빈칸을 채워보세요.

1

A: Have you ever been to Niagara Falls?

B: Yes, I have been there _____.

A: 나이아가라 폭포에 가봤나요?
B: 여러 번 가봤습니다.

2

A: What is the _____ time of the year to visit Niagara Falls?

B: The best time to _____ is from mid May until mid September.

A: 나이아가라 폭포를 언제 방문하는 것이 가장 좋나요?
B: 5월 중순에서 9월 중순이 방문하기에 제일 좋습니다.

3

A: Is there a _____ to see the Falls?

B: No, the park is _____ and open all year round.

A: 입장료가 있나요?
B: 입장료가 없으며, 365일 개방되어 있습니다.

정답

1 many times
2 best, visit
3 charge, free

08 메트로폴리탄 미술관(The Metropolitan Museum of Art)

오늘 배울 표현은 **어떤 종류의~?**

뉴욕 맨해튼 센트럴 파크 주변에 위치해 있는 세계에서 규모가 가장 큰 미술관 중 하나이다. 1870년에 소규모로 개관하였으며, 1880년에 지금의 자리(1000 Fifth Avenue, New York, New York 10028)로 이전하였다. 회화, 판화, 조각, 공예품, 사진 등의 미술품 330여 만 점을 소장하고 있다. 메트로폴리탄 미술관은 국가나 정부 기관의 주도가 아닌 순수하게 민간이 주도하여 설립되었다.

 **미리보기**

이번 랜드마크에서는 어떤 대화를 하는지 먼저 살펴볼까요?

⭐ 원어민의 음성을 들어보세요.

🎵 English_08.mp3

1
A: Is the Metropolitan Museum of Art located in Manhattan?
B: Yes, it is located near Central Park.

2
A: What can I see at the museum?
B: You can see many priceless works of art.

3
A: What kinds of works of art can I see there?
B: You can see many different works of art such as paintings, costumes, and antiques. You can also see artworks from ancient Egypt.

1
A: The Metropolitan Museum of Art는 맨해튼에 있나요?
B: 예, 센트럴 공원 근처에 있습니다.

2
A: 그곳에서 무엇을 볼 수 있나요?
B: 많은 진귀한 예술품들을 볼 수 있습니다

3
A: 어떤 진귀한 예술품을 볼 수 있나요?
B: 그림, 의복, 골동품들을 볼 수 있으며 고대 이집트의 예술품들도 볼 수 있습니다.

준비하기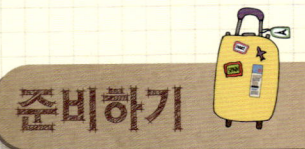

오늘의 주요 단어입니다.
학습을 시작하기 전에
단어부터 살펴보아요.

- near 근처
- work of art 예술품
- museum 박물관
- ancient 고대의
- antique 골동품
- look for ~을 찾다
- person 사람, 개인
- priceless 귀중한
- kind 종류
- such as ~와 같은
- costume 의복
- employee 종업원
- would like to ~하고 싶다
- be located in ~에 위치하다

실전여행

이정도 한마디는
랜드마크에서 꼭 해보아요.
패턴으로 완벽 암기하세요.

What kind(s) of ~ ? 어떤 종류의~?

- **What kind of** employees do you want?
  어떤 직원을 원합니까?

- **What kind of** car are you looking for?
  어떤 종류의 차를 찾습니까?

- **What kind of** pizza would you like to have?
  어떤 종류의 피자를 먹고 싶습니까?

- **What kind of** music do you like?
  어떤 종류의 음악을 좋아합니까?

- **What kind of** person is he?
  그의 성격은 어떻습니까?

tip

전치사 of 다음에는 복수명사나 물질명사가 모두 올 수 있으며, kind of 다음에 오는 명사에는 관사를 붙이지 않는다.

일지쓰기

랜드마크에서 대화한 내용을 떠올리며 빈칸을 채워보세요.

1

A: Is the Metropolitan Museum of Art located in Manhattan?

B: Yes, It is located _____ Central Park.

A: The Metropolitan Museum of Art는 맨해튼에 있나요?
B: 예, 센트럴 공원 근처에 있습니다.

2

A: _____ can I see at the museum?

B: You can see many _____ works of art.

A: 그곳에서 무엇을 볼 수 있나요?
B: 많은 진귀한 예술품들을 볼 수 있습니다.

3

A: What _____ of works of art can I see there?

B: You can see many different works of _____ such as, paintings, _____, and antiques. You can also see artwork from ancient Egypt.

A: 어떤 진귀한 예술품을 볼 수 있나요?
B: 그림, 의복, 골동품들을 볼 수 있으며, 고대 이집트의 예술품들도 볼 수 있습니다.

정답

1 near
2 What, priceless
3 kinds, art, costumes

기억하기

다음 빈칸에 들어갈 내용을 떠올리며 앞서 다녀온 랜드마크를 다시 기억해보세요.

05

타임 스퀘어(Times Square)

Can I get ~ ?   ~해주시겠습니까?

- **Can I get** some coffee?
  커피 좀 갖다 주시겠습니까?

- **Can I get** you _____ to drink?
  음료수 드시겠습니까?

- **Can I get** a _____ for this?
  이것 좀 포장 해 주시겠습니까?

- **Can I get** a refill?
  리필 좀 해주시겠습니까?

- **Can I get** a _____ with my baggage?
  짐 드는 것 좀 도와주시겠습니까?

정답
» something
» doggy-bag
» hand

06

US 루트 66(U.S Route 66)

You can ~ .   당신은 ~할 수 있습니다

- **You can** use any computers in this room.
  이 방에 있는 컴퓨터 아무거나 사용해도 됩니다.

- **You can** stay here _____ five days.
  이곳에 5일 동안 머무를 수 있습니다.

- **You can** visit me _____ you want.
  당신이 원하면 언제든 저에게 방문해도 좋습니다.

- **You can** have as _____ as you like.
  원하는 만큼 가져도 됩니다.

- **You can** do as you _____.
  당신 마음대로 해도 됩니다.

정답
» for
» whenever
» much
» please

A: Can I get some coffee?

B: How would you like your coffee?

A: Black, please.

A: 커피 좀 주시겠어요?
B: 커피는 어떻게 할까요?
A: 블랙으로 주세요.

Key Point

With sugar and cream.은 '설탕과 크림을 넣어주세요.' 라는 의미이다.

A: How long can I stay here?

B: You can stay here for five days.

A: Can I use a computer in the room?

B: Yes, you can.

A: 얼마 동안 이곳에 머무를 수 있나요?
B: 5일 동안 머무를 수 있습니다.
A: 이 방에 있는 컴퓨터를 사용해도 되나요?
B: 예, 사용해도 됩니다.

Key Point

stay 머무르다

for five days 5일 동안

Can I use ~?는 상대방에게 허가(허락)를 얻으려는 표현이다.

기억하기

다음 빈칸에 들어갈 내용을 떠올리며
앞서 다녀온 랜드마크를 다시 기억해보세요.

07 나이아가라 폭포(Niagara Falls)

Have you ever + 과거분사~? 당신은 ~해본 적 있습니까?

- **Have you ever** _____ Korean food?
  한국 음식 먹어본 적 있습니까?

- **Have you ever** been to China?
  중국에 가본 적 있습니까?

- **Have you ever** _____ any famous stars in person?
  당신은 유명한 스타를 직접 본 적 있습니까?

- **Have you ever seen** this movie before?
  이 영화를 전에 본 적 있습니까?

- **Have you ever traveled** _____?
  해외여행을 해 본 적 있습니까?

정답
» tried
» seen
» abroad

08 메트로폴리탄 미술관(The Metropolitan Museum of Art)

What kind(s) of ~ ? 어떤 종류의~?

- **What kind of** _____ do you want?
  어떤 직원을 원합니까?

- **What kind of** car are you looking for?
  어떤 종류의 차를 찾습니까?

- **What kind of** pizza would you like to _____?
  어떤 종류의 피자를 먹고 싶습니까?

- **What kind of** _____ do you like?
  어떤 종류의 음악을 좋아합니까?

- **What kind of** _____ is he?
  그의 성격은 어떻습니까?

정답
» employees
» have
» music
» person

A: Have you ever tried Korean food?

B: Yes, I have. I like Korean food.

A: What's your favorite Korean food?

B: I like galbee.

A: 한국음식 먹어본 적 있나요?
B: 예, 한국음식을 좋아합니다.
A: 어떤 한국음식을 좋아하나요?
B: 갈비를 좋아합니다.

Key Point

try 시도하다
Korean 한국의, 한국인
favorite 좋아하는

A: May I help you?

B: Yes, I want to rent a car.

A: What kind of car are you looking for?

B: I'm looking for a compact car.

A: 도와드릴까요?
B: 예, 자동차를 빌리려고 합니다.
A: 어떤 자동차를 원하세요?
B: 소형차를 원합니다.

Key Point

rent 빌리다, 임대하다
look for ~을 찾다
compact 소형의, 아주 작은

09 소호(SoHo)

오늘 배울 표현은 **그곳은 ~에 좋은 장소입니까?**

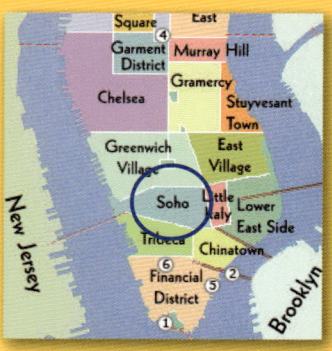

미국 뉴욕 맨해튼의 한 지역으로 '소호'라는 이름은 South of Houston Street의 약자이다. 원래는 공장지대였던 이곳에 1950년대부터 화가들이 모여 살면서 예술의 거리로 알려졌으나 임대료가 상승하면서 많은 예술가들이 떠나고 그 자리를 식당과 트렌디한 숍들이 대신하게 되었다. 소호 지역에는 많은 옷가게들과 맛있는 음식을 파는 식당들이 몰려있고 뉴요커 스타일을 대변하는 지역으로 알려져 있다.

미리보기

이번 랜드마크에서는 어떤 대화를 하는지 먼저 살펴볼까요?

원어민의 음성을 들어보세요.

English_09.mp3

1
A: What does SOHO stand for?
B: It stands for South of Houston Street which is located in Manhattan.

2
A: Is it a nice place for shopping?
B: Yes, you can buy trendy clothes and also enjoy nice food.

3
A: How can I get there?
B: Take the subway, and get off at Prince St. Station.

1
A: SOHO는 무엇을 의미하나요?
B: 맨해튼에 있는 South of Houston Street를 의미합니다.

2
A: 쇼핑하기에 좋은가요?
B: 예, 최신 유행하는 옷들을 살 수 있고 훌륭한 음식도 먹을 수 있습니다.

3
A: 어떻게 갈 수 있어요?
B: 지하철을 타고 Prince St Station에서 내리세요.

준비하기

오늘의 주요 단어입니다.
학습을 시작하기 전에
단어부터 살펴보아요.

- stand for ~을 의미하다
- place 장소
- shopping 쇼핑
- kid 어린이
- trip 여행
- get off 내리다
- also 또한
- nice 좋은
- trendy 유행의
- clothes 옷
- reception 리셉션, 피로연
- sdinner 저녁식사
- get 도착하다
- enjoy 즐기다

실전여행

이정도 한마디는
랜드마크에서 꼭 해보아요.
패턴으로 완벽 암기하세요.

Is it a nice place for ~ ?
그곳은 ~에 좋은 장소입니까?

- **Is it a nice place for** the kids to play?
  아이들이 놀기에 좋은 장소입니까?

- **Is it a nice place for** a family trip?
  그곳은 가족여행에 좋은 장소입니까?

- **Is it a nice place for** a wedding reception?
  그곳은 결혼식 피로연에 좋은 장소입니까?

- **Is the park a nice place for** a walk after dinner?
  그 공원은 저녁 식사 후 산책하기에 좋은 장소입니까?

- **Is it a nice place for** swimming in summer?
  그곳은 여름에 수영하기 좋은 장소입니까?

tip
it은 대명사이며 it 대신에 다른 장소를 나타내는 단어가 와도 되며 nice대신 good을 사용해도 의미에 차이가 없다.

일지쓰기

🔸 랜드마크에서 대화한 내용을 떠올리며 빈칸을 채워보세요.

1

A: What does SOHO _____?

B: It stands for South of Houston Street which is located in Manhattan.

A: SOHO는 무엇을 의미하나요?
B: 맨해튼에 있는 South of Houston Street를 의미합니다.

2

A: Is it a nice _____ shopping?

B: Yes, you can buy _____ clothes and also enjoy nice food.

A: 쇼핑하기에 좋은가요?
B: 예, 최신 유행하는 옷들을 살 수 있고 훌륭한 음식도 먹을 수 있습니다.

3

A: How can I get there?

B: Take the subway, and _____ at Prince St. Station.

A: 어떻게 갈 수 있어요?
B: 지하철을 타고 Prince St. Station에서 내리세요.

정답
1. stand for
2. place for, trendy
3. get off

10 애틀랜틱 시티(Atlantic City)

오늘 배울 표현은 **~로 알려진**

미국 뉴저지주 남동부의 도시로 카지노로 유명하며, 휴양도시이기도 하다. 예로부터 대서양 연안의 휴양지로 유명했으나 제2차 세계대전 이후 동부의 여러 도시와 마찬가지로 쇠퇴하면서 실업과 범죄 문제가 심각했다.
이런 문제를 해결하기 위하여 1978년 카지노가 들어서기 시작해 현재는 관광지로 유명하게 되었고, 미국에서 네바다주 라스베이거스 다음가는 도박의 도시로 유명하다. 20여 개 카지노 호텔들이 대서양변을 따라 들어서 있으며, 씨저스, 트로피칼, 타지마할은 한국 사람들에게 잘 알려진 호텔들이다.

미리보기

 이번 랜드마크에서는 어떤 대화를 하는지 먼저 살펴볼까요?

원어민의 음성을 들어보세요.

English_10.mp3

1

A: Where is Atlantic City?

B: Atlantic City is located in Southern New Jersey along the Atlantic coast.

2

A: What is Atlantic City known for?

B: It is known for its casinos, boardwalk and beach.

3

A: How long does it take from New York City to Atlantic City?

B: It takes about two hours by car.

1

A: Atlantic City는 어디에 있나요?
B: Atlantic City는 뉴저지주 남쪽 대서양 연안에 있습니다.

2

A: Atlantic City는 무엇으로 유명하나요?
B: 그곳은 카지노, 보드워크, 해변으로 유명합니다.

3

A: 뉴욕 시에서 Atlantic City까지 얼마나 걸리나요?
B: 자동차로 약 2시간 걸립니다.

준비하기

오늘의 주요 단어입니다.
학습을 시작하기 전에
단어부터 살펴보아요.

- southern 남쪽의
- be known for ~로 알려진
- boardwalk 보드워크
- about 대략
- excellent 훌륭한
- architecture 건축물
- sunrise 일출
- coast 해변
- along ~을 따라
- area 지역
- take 시간이 걸리다
- by car 자동차로
- elegant 우아한
- luxurious 호화로운
- health 건강
- benefit 이득, 혜택

실전여행

이정도 한마디는
랜드마크에서 꼭 해보아요.
패턴으로 완벽 암기하세요.

be known for ~ ~로 알려진

- The hotel is known for its excellent service.
  이 호텔은 훌륭한 서비스로 유명합니다.

- That island is known for its beautiful weather.
  그 섬은 날씨가 좋기로 유명합니다.

- This city is known for its elegant architecture and luxurious restaurants.
  이 도시는 우아한 건축과 호화로운 식당들로 유명합니다.

- The area is known for beautiful sunrises.
  그 지역은 아름다운 해돋이로 유명합니다.

- Korean food is known for its health benefits.
  한국 음식은 건강에 좋은 것으로 잘 알려져 있습니다.

tip
be known for은 '~이 유명하다'라는 의미로 'be famous for'와 같은 의미이다.

일지쓰기

➡ 랜드마크에서 대화한 내용을 떠올리며 빈칸을 채워보세요.

1

A: Where is Atlantic City?

B: Atlantic City is located in _____ New Jersey _____ the Atlantic coast.

A: Atlantic City는 어디에 있나요?
B: Atlantic City는 뉴저지주 남쪽 대서양 연안에 있습니다.

2

A: What is Atlantic City _____ for?

B: It is known _____ its casinos, boardwalk and beach.

A: Atlantic City는 무엇으로 유명하나요?
B: 그곳은 카지노, 보드워크, 해변으로 유명합니다.

3

A: How long does it _____ from New York City _____ Atlantic City.

B: It takes _____ two hours by car.

A: 뉴욕 시에서 Atlantic City까지 얼마나 걸리나요?
B: 자동차로 약 2시간 걸립니다.

정답

1. Southern, along
2. known, for
3. take, to, about

11 워싱턴 기념탑(Washington Monument)

오늘 배울 표현은 ~있습니다

미국을 건국한 초대 대통령인 조지 워싱턴의 위업을 기념하기 위해 세운 탑으로 1848년 건축을 시작했으나 자금 부족과 남북 전쟁 등으로 1854년부터 1877년까지 중단되었다. 국민의 기부금과 연방 예산으로 다시 공사를 시작해서 1885년에 준공했다. 이 구조물은 16.8㎡의 바닥 넓이와 높이 169.3m, 무게 약 9만 1,000t에 이르는 화강암 오벨리스크이다. 워싱턴 D.C.에서는 Washington Monument 보다 높은 건물을 세울 수 없도록 하는 법규가 있어 고층 빌딩이 많지 않다. 초고속 엘리베이터가 내부에 있어 70초 만에 153m에 있는 전망대까지 올라갈 수 있다.

미리보기

 이번 랜드마크에서는 어떤 대화를 하는지 먼저 살펴볼까요?

 원어민의 음성을 들어보세요.

English_11.mp3

1
A: Why was the Washington Monument built?
B: It was built to honor and memorialize George Washington.

2
A: Who is George Washington?
B: George Washington was the first president of the United States.

3
A: Can I go inside the Washington Monument?
B: Yes, there is an observation deck inside the monument.

1
A: Washington Monument는 왜 건설되었나요?
B: 조지 워싱턴을 존중하고, 기억하기 위해 건설되었습니다.

2
A: 조지 워싱턴이 누구인가요?
B: 미국의 초대 대통령입니다.

3
A: Washington Monument 내부로 들어갈 수 있나요?
B: 예, 안에 전망대가 있습니다.

준비하기

오늘의 주요 단어입니다. 학습을 시작하기 전에 단어부터 살펴보아요.

- monument 기념비
- memorialize 기념하다
- inside ~ 안에
- first 처음의, 최초의
- in front of ~ 앞에
- around ~ 주위에
- library 도서관
- honor 존경하다
- president 대통령
- observation deck 전망대
- park 공원
- crowd 군중
- a lot of 많은
- near ~ 근처의

실전여행

이정도 한마디는 랜드마크에서 꼭 해보아요. 패턴으로 완벽 암기하세요.

There is [are] ~. ~있습니다

- **There is** a park near my house.
  집 주변에 공원이 있습니다.

- **There is** a library in front of the school.
  학교 앞에 도서관이 있습니다.

- **There was** a large crowd in the street.
  거리에는 많은 사람들이 있었습니다.

- **There are** five people around the table.
  테이블 주변에 5명의 사람이 있습니다.

- **There are** a lot of beautiful mountains in Korea.
  한국에는 아름다운 산이 많습니다.

tip
There is 다음에는 단수명사나 물질명사가 오고 there are 다음에는 복수명사가 온다.

일지쓰기

➡ 랜드마크에서 대화한 내용을 떠올리며 빈칸을 채워보세요.

1

A: Why was the Washington Monument built?

B: It was built to _____ and _____ George Washington.

A: Washington Monument는 왜 건설되었나요?
B: 조지 워싱턴을 존중하고, 기억하기 위해 건설되었습니다.

2

A: Who is George Washington?

B: George Washington was the _____ _____ of the United States.

A: 조지 워싱턴이 누구인가요?
B: 미국의 초대 대통령입니다.

3

A: Can I go _____ the Washington Monument?

B: Yes, there is an _____ deck inside the monument.

A: Washington Monument 내부로 들어갈 수 있나요?
B: 예, 안에 전망대가 있습니다.

정답
1 honor, memorialize
2 first president
3 inside, observation

12. 백악관(White House)

➡ 오늘 배울 표현은 **처음 ~는 누구입니까?**

미국 워싱턴 D.C. 펜실베이니아 거리에 있는 미국 대통령의 공식 거처이자 주요 업무장소이다. 1800년 존 애덤스 대통령 이후로 미국 대통령의 주거지로 이용됐으며, 집무·외국사절 접견·일상생활 등 모든 일을 여기서 한다. 백악관에는 모두 130개 이상의 방들이 있다. 중심 건물에는 대통령 가족의 숙소와 여러 접견실이 있는데, 중심 건물의 일부는 여행객들에게도 개방되어 있다. 서쪽 건물에는 대통령 집무실과 각료실, 그리고 기자실이 있으며, 동쪽 건물에는 그 외의 여러 사무실들이 있다. 오늘 날, 백악관은 아래와 같이 구성되어 있다.

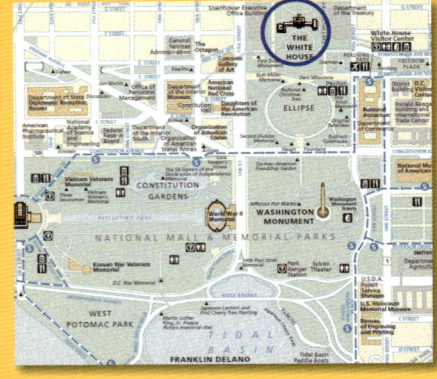

- 중역거주지 (Executive Residence)
- 웨스트 윙 (West Wing)
- 이스트 윙 (East Wing)
- 아이젠하워 행정 동 빌딩 (Eisenhower Executive Office Building)
- 블레어 하우스 (Blair House, a guest residence)

미리보기

이번 랜드마크에서는 어떤 대화를 하는지 먼저 살펴볼까요?

원어민의 음성을 들어보세요.

English_12.mp3

1
A: How many rooms are there in the White House?
B: It has more than 130 rooms.

2
A: Who was the first president to reside in the White House?
B: John Adams was the first president to reside in the White House.

3
A: How many tourists visit the White House in a year?
B: About 1.5 million tourists visit the White House.

1
A: White House에는 방이 모두 몇 개 있나요?
B: 130개 이상 있습니다.

2
A: 백악관에 처음 거주한 대통령은 누구인가요?
B: John Adams 대통령입니다.

3
A: 1년에 얼마나 많은 관광객들이 백악관을 방문하나요?
B: 약 백 오십 만 명의 관광객들이 방문합니다.

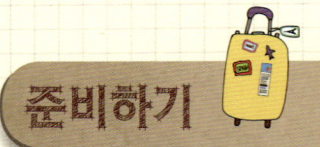

준비하기

오늘의 주요 단어입니다.
학습을 시작하기 전에
단어부터 살펴보아요.

- more than ~이상의
- tourist 관광객
- discover 발견하다
- space 공간, 우주
- person 개인
- channel 해협
- reside 거주하다
- million 백만
- gravity 중력
- here 여기에
- visit 방문하다

실전여행

이 정도 한마디는
랜드마크에서 꼭 해보아요.
패턴으로 완벽 암기하세요.

Who was[is] the first ~?
처음 ~는 누구입니까?

- **Who was the first** person to arrive here?
  이곳에 처음 도착한 사람은 누구입니까?

- **Who was the first** person to discover gravity?
  중력을 처음 발견한 사람은 누구입니까?

- **Who was the first** woman to travel into space?
  우주여행을 최초로 한 여성은 누구입니까?

- **Who was the first** man to walk on the moon?
  달을 처음 걸은 사람은 누구입니까?

- **Who was the first** person to swim the English Channel?
  영불 해협을 최초로 헤엄쳐 건넌 사람은 누구입니까?

tip
first, second, third와 같은 서수 앞에는 정관사 the가 온다.

일지쓰기

랜드마크에서 대화한 내용을 떠올리며 빈칸을 채워보세요.

1

A: How many rooms are there in the White House?

B: It has _____ 130 rooms.

A: White House에는 방이 모두 몇 개 있나요?
B: 130개 이상 있습니다.

2

A: Who was the first president to _____ in the White House?

B: John Adams was the first president to reside in the White House.

A: 백악관에 처음 거주한 대통령은 누구인가요?
B: John Adams 대통령입니다.

3

A: How many _____ visit the White House in _____?

B: About 1.5 _____ tourists visit the White House.

A: 1년에 얼마나 많은 관광객들이 백악관을 방문하나요?
B: 약 백 오십 만 명의 관광객이 방문합니다.

정답
1 more than
2 reside
3 tourists, a year, million

기억하기

다음 빈칸에 들어갈 내용을 떠올리며
앞서 다녀온 랜드마크를 다시 기억해보세요.

09

소호(SoHo)

Is it a nice place for ~ ?   그곳은 ~에 좋은 장소입니까?

- **Is it a nice place for** the kids to play?
  아이들이 놀기에 좋은 장소입니까?

- **Is it a nice place for** a family trip?
  그곳은 가족여행에 좋은 장소입니까?

- **Is it a nice place for** a wedding _____?
  그곳은 결혼식 피로연에 좋은 장소입니까?

- **Is the park a nice place for** a _____ after dinner?
  그 공원은 저녁 식사 후 산책하기에 좋은 장소입니까?

- **Is it a nice place for** _____ in summer?
  그곳은 여름에 수영하기 좋은 장소입니까?

정답

» reception
» walk
» swimming

10

애틀랜틱 시티(Atlantic City)

be known for ~   ~로 알려진

- **The hotel is known for** its excellent service.
  이 호텔은 훌륭한 서비스로 유명합니다.

- **That island is known for** its beautiful _____.
  그 섬은 날씨가 좋기로 유명합니다.

- **This city is known for** its elegant _____ and luxurious restaurants.
  이 도시는 우아한 건축과 호화로운 식당들로 유명합니다.

- **The area is known for** beautiful _____.
  그 지역은 아름다운 해돋이로 유명합니다.

- **Korean food is known for** its health _____.
  한국 음식은 건강에 좋은 것으로 잘 알려져 있습니다.

정답

» weather
» architecture
» sunrises
» benefits

A: I'm looking for a place to swim during summer.

B: Why don't you go to the East beach.

A: Is it a nice place for swimming in summer?

B: Yes, I think the beach is the best place for swimming.

A: 나는 여름에 수영하기 좋은 장소를 찾고 있어.
B: East beach에 가는 거 어때?
A: 수영하기에 좋아?
B: 수영하기에 가장 좋은 장소야.

Key Point

Why don't you ~? 상대방에게 '~을 하라고' 제한할 때 사용한다.

Why don't we ~? 는 말하는 사람을 포함해서 '~을 하자고' 제한 할 때 사용한다.

A: Where did you go last weekend?

B: I went to Jeju island.

A: What is the island known for?

B: It is known for its beautiful scenery.

A: 지난 주말에 어디 갔었니?
B: 제주도에 갔었어.
A: 제주도는 뭐가 유명하니?
B: 아름다운 경치로 유명해.

Key Point

last weakend 지난 주말

island 섬

scenery 경치

기억하기

다음 빈칸에 들어갈 내용을 떠올리며 앞서 다녀온 랜드마크를 다시 기억해보세요.

11. 워싱턴 기념탑(Washington Monument)
There is [are] ~. ~있습니다

- **There is** a park _____ my house.
  집 주변에 공원이 있습니다.

- **There is** a library _____ the school.
  학교 앞에 도서관이 있습니다.

- **There was** a large crowd in the street.
  거리에는 많은 사람들이 있었습니다.

- **There are** five people _____ the table.
  테이블 주변에 5명의 사람이 있습니다.

- **There are** _____ beautiful mountains in Korea.
  한국에는 아름다운 산이 많습니다.

정답
» near
» in front of
» around
» a lot of

12. 백악관(White House)
Who was[is] the first ~ ? 처음 ~는 누구입니까?

- **Who was the first** person to _____ here?
  이곳에 처음 도착한 사람은 누구입니까?

- **Who was the first** person to _____ gravity?
  중력을 처음 발견한 사람은 누구입니까?

- **Who was the first** woman to travel into _____?
  우주여행을 최초로 한 여성은 누구입니까?

- **Who was the first** man to _____ on the moon?
  달을 처음 걸은 사람은 누구입니까?

- **Who was the first** person to swim the English Channel?
  영국 해협을 최초로 헤엄쳐 건넌 사람은 누구입니까?

정답
» arrive
» discover
» space
» walk

A: I'd like to live in Korea.

B: Do you have any special reasons?

A: There are a lot of beautiful mountains in Korea.

A: 나는 한국에 살고 싶어.
B: 특별한 이유가 있니?
A: 한국에는 아름다운 산들이 많아.

⭐ Key Point

"d like to + 동사원형"은 '~하고 싶다'라는 의미이다.

a lot of 다음에는 단수와 복수 명사가 모두 올 수 있다.

A: Who was the first person to arrive here?

B: I think it was James.

A: Do you know where he is now?

B: He is talking with his boss over there.

A: 여기 처음 도착한 사람이 누구니?
B: James야.
A: 지금 어디 있는지 아니?
B: 저쪽에서 그의 상사와 얘기하고 있어.

⭐ Key Point

the first 대신 the second, the last 등이 올 수도 있다.
over there 저쪽에서

13 링컨 기념관(Lincoln Memorial)

오늘 배울 표현은 **왜 ~는지 아십니까?**

미국 제16대 대통령 에이브러햄 링컨을 기념해 지은 기념관으로 미국의 수도인 워싱턴 D.C.에 있다. 건물은 그리스의 도리스 양식으로 지어졌으며, 내부에는 링컨 대통령이 앉아있는 상이 있다. 기념관은 여러 연설의 무대로 사용되었으며, 특히 1963년 8월 28일에 행해진 마틴 루터 킹의 '나에게는 꿈이 있습니다'란 연설이 유명하다.

링컨 기념관은 모두 36개의 기둥이 있는데 이것은 링컨 대통령이 사망할 당시 미국의 36개의 주를 의미하는 것이다. 기념관은 크리스마스인 12월 25일을 제외하고, 오전 8시부터 밤 11시 45분까지 일반인에게 개방하고 있다.

미리보기

이번 랜드마크에서는 어떤 대화를 하는지 먼저 살펴볼까요?

원어민의 음성을 들어보세요.

English_13.mp3

1
A: Do you know why the Lincoln Memorial was built?
B: Yes, it was built in honor of president Abraham Lincoln.

2
A: How many columns does the Lincoln Memorial have?
B: The Lincoln Memorial consists of 36 columns.

3
A: What is in the Lincoln Memorial?
B: There is a statue of Abraham Lincoln inside the Lincoln Memorial.

1
A: 링컨 기념관이 왜 지어졌는지 아세요?
B: 예, 링컨 대통령을 기념하기 위해 지어졌습니다.

2
A: 링컨 기념관에는 기둥이 몇 개 있나요?
B: 링컨 기념관은 36개의 기둥으로 구성되었습니다.

3
A: 링컨 기념관 안에는 무엇이 있나요?
B: 링컨 대통령 조각상이 있습니다.

73

오늘의 주요 단어입니다.
학습을 시작하기 전에
단어부터 살펴보아요.

- in honor of ~를 기념하여
- consist of 구성하다
- memorial 기념비
- so 매우
- always 항상
- grow 기르다, 성장하다
- this morning 오늘 아침
- column 기둥
- use 사용하다
- why 왜
- late 늦은, 지각한
- beard 수염
- upset 화가난

이정도 한마디는
랜드마크에서 꼭 해보아요.
패턴으로 완벽 암기하세요.

Do you know why ~? 왜 ~는지 아십니까?

- **Do you know why** he is always late?

  그는 왜 항상 지각하는지 아십니까?

- **Do you know why** Lincoln grew a beard?

  Lincoln이 왜 턱수염을 길렀는지 아십니까?

- **Do you know why** she is crying?

  왜 그녀가 울고 있는지 아십니까?

- **Do you know why** they didn't go to school?

  그들이 왜 학교에 가지 않았는지 아십니까?

- **Do you know why** he was so upset this morning?

  그가 왜 오늘 아침 화가 많이 났는지 아십니까?

tip
why 다음에 '주어 + 동사'의 형태가 온다는 것에 유의하자.

일지쓰기

랜드마크에서 대화한 내용을 떠올리며 빈칸을 채워보세요.

1

A: Do you know _____ the Lincoln Memorial was built?

B: Yes, it was built _____ president Abraham Lincoln.

A: 링컨 기념관이 왜 지어졌는지 아세요?
B: 예, 링컨 대통령을 기념하기 위해 지어졌습니다.

2

A: How many _____ does the Lincoln Memorial have?

B: The Lincoln Memorial _____ of 36 columns.

A: 링컨 기념관에는 기둥이 몇 개 있나요?
B: 링컨 기념관은 36개의 기둥으로 구성되었습니다.

3

A: What is in the Lincoln Memorial?

B: There is a _____ of Abraham Lincoln inside the Lincoln Memorial.

A: 링컨 기념관 안에는 무엇이 있나요?
B: 링컨 대통령 조각상이 있습니다.

정답

1 why, in honor of
2 columns, consists
3 statue

14. 엠파이어 스테이트 빌딩(Empire State Building)

오늘 배울 표현은 **얼마나 걸립니까?**

맨해튼 5번가와 34블록의 모퉁이에 있으며, 1931년에 건설되었다. 지상 102층에 높이는 381m이며 안테나 탑을 포함할 경우 443m이다. 1929년 공사를 시작하였고, 2년 뒤인 1931년에 공사를 마쳤다. Empire State Building에는 73개의 엘리베이터가 있으며, 약 20,000명의 사람들이 일하고 있다. 세계무역 센터가 무너지고 나서는 뉴욕 시에서 가장 높은 건물이 되었다. 86층에는 전망대가 있어 뉴욕의 경관을 감상 할 수 있다.

미리보기

 이번 랜드마크에서는 어떤 대화를 하는지 먼저 살펴볼까요?

★ 원어민의 음성을 들어보세요.

 English_14.mp3

1
A: When was the Empire State building completed?
B: The building was completed in 1931.

2
A: How many stories does the Empire State Building have?
B: It has 102 stories.

3
A: How long did it take to construct the building?
B: It took two years.

1
A: 엠파이어 스테이트 빌딩은 언제 지어졌나요?
B: 1931년도에 지어졌습니다.

2
A: 엠파이어 스테이트 빌딩은 몇 층인가요?
B: 102층입니다.

3
A: 건설하는데 얼마나 걸렸나요?
B: 2년 걸렸습니다.

준비하기

오늘의 주요 단어입니다. 학습을 시작하기 전에 단어부터 살펴보아요.

- complete 완성하다
- construct 건설하다
- there 거기에
- finish 마치다, 끝내다
- reach 다다르다
- top 정상, 꼭대기
- mountain 산
- story 층
- take 시간이 걸리다
- get 도착하다
- empire 제국
- city hall 시청
- homework 숙제
- prepare 준비하다

실전여행

이정도 한마디는 랜드마크에서 꼭 해보아요. 패턴으로 완벽 암기하세요.

How long does it take ~? 얼마나 걸립니까?

- **How long does it take** to get there?
  거기까지는 시간이 얼마나 걸립니까?

- **How long did it take** you to finish your homework?
  숙제하는 데 얼마나 걸렸습니까?

- **How long does it take** from here to the city hall?
  여기에서 시청까지 얼마나 걸립니까?

- **How long does it take** to reach the top of the mountain?
  산 정상까지 얼마나 걸립니까?

- **How long does it take** to prepare dinner?
  저녁 준비하는 데 얼마나 걸립니까?

tip
'~ 하는데 시간이 얼마나 걸리는지' 알고 싶을 때 사용하는 표현이며 이때 it은 해석하지 않는다.

일지쓰기

🡆 랜드마크에서 대화한 내용을 떠올리며 빈칸을 채워보세요.

1

A: When was the Empire State building _____?

B: The building was completed in 1931.

A: 엠파이어 스테이트 빌딩은 언제 지어졌나요?
B: 1931년도에 지어졌습니다.

2

A: How many _____ does the Empire State Building _____?

B: It has 102 stories.

A: 엠파이어 스테이트 빌딩은 몇 층인가요?
B: 102층입니다.

3

A: How long did it take to _____ the building?

B: It _____ two years.

A: 건설하는데 얼마나 걸렸나요?
B: 2년 걸렸습니다.

정답
1 completed
2 stories, have
3 construct, took

15 그랜드 캐니언(Grand Canyon)

오늘 배울 표현은 **얼마나 ~?**

미국 애리조나 주 북부에 있는 고원지대를 흐르는 콜로라도 강에 의해서 깎여진 거대한 계곡이다. 콜로라도 강은 서쪽으로 446km를 흘러서 계곡의 출구가 되는 미드 호로 들어가는데 이 구간의 양편 계곡을 그랜드 캐니언이라고 부른다. 콜로라도 강에 의해서 깎인 계곡의 깊이는 1,600m에 이르고 계곡의 폭은 넓은 곳이 30km에 이른다. 그랜드 캐니언은 1979년에 유네스코 세계유산으로 지정되었으며, 미국 서부 지역에 있는 국립공원 중에서 가장 많은 관광객이 방문한다.

미리보기

 이번 랜드마크에서는 어떤 대화를 하는지 먼저 살펴볼까요?

원어민의 음성을 들어보세요.

English_15.mp3

1

A: Is there a fee to enter Grand Canyon National Park?
B: Yes, there is an entrance fee.

2

A: How deep is the canyon?
B: Its deepest point is about 1,600m deep.

3

A: When did the Grand Canyon become a national park?
B: It became a national park in 1919.

1

A: 그랜드 캐니언에 들어가는데 입장료를 지불해야 되나요?
B: 예, 입장료를 내야 합니다.

2

A: 협곡의 깊이는 얼마나 되나요?
B: 가장 깊은 곳이 약 1,600m 됩니다.

3

A: 그랜드 캐니언은 언제 국립공원이 되었나요?
B: 1919년에 되었습니다.

준비하기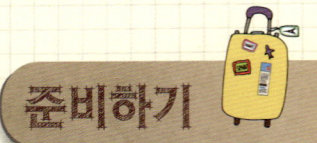

오늘의 주요 단어입니다.
학습을 시작하기 전에
단어부터 살펴보아요.

- fee 요금
- enter 입장하다
- canyon 계곡
- national park 국립공원
- get in 들어가다
- become ~이 되다
- point 장소, 지점
- office 사무실
- company 회사
- deep 깊은
- wound 상처
- entrance fee 입장료
- aquarium 수족관

실전여행

이정도 한마디는
랜드마크에서 꼭 해보아요.
패턴으로 완벽 암기하세요.

How+형용사+be동사+주어 ~? 얼마나~?

- **How large** is your house?
  당신의 집은 얼마나 큽니까?

- **How tall** is the statue?
  동상의 높이는 얼마입니까?

- **How deep** is the wound?
  상처가 얼마나 깊습니까?

- **How big** is your company?
  회사의 규모가 얼마나 됩니까?

- **How small** is the aquarium?
  그 수족관은 얼마나 작습니까?

tip

'How + 형용사 + be동사 + 주어 ~ ?'는 주어에 따라 be동사의 형태가 달라져야 한다.
How old are they? (그들은 몇살이죠?)

일지쓰기

랜드마크에서 대화한 내용을 떠올리며 빈칸을 채워보세요.

1

A: Is there a fee to _____ Grand Canyon National Park?

B: Yes, there is an entrance _____.

A: 그랜드 캐니언에 들어가는데 입장료를 지불해야 되나요?
B: 예, 입장료를 내야 합니다.

2

A: How _____ is the canyon?

B: Its deepest point is about 1,600m deep.

A: 협곡의 깊이는 얼마나 되나요?
B: 가장 깊은 곳이 약 1,600m 됩니다.

3

A: _____ did the Grand Canyon become a _____ park?

B: It _____ a national park in 1919.

A: 그랜드 캐니언은 언제 국립공원이 되었나요?
B: 1919년에 되었습니다.

정답

1 enter, fee
2 deep
3 When, national, became

16 금문교(Golden Gate Bridge)

🍁 오늘 배울 표현은 **~라고 합니다**

금문교(金門橋)는 미국 캘리포니아주 골든게이트 해협에 위치한 현수교로 캘리포니아주 샌프란시스코와 캘리포니아주 마린 군(Marin County)을 연결한다. 총길이 1,280m인 이 다리는 높이 227m의 탑들에서 늘어뜨린 두 줄의 케이블에 매달려 있다. 1931년 1월 5일 착공하여 1937년 4월 완공되었으며, 이후 이 다리는 샌프란시스코의 상징이 되었다.

미리보기

 이번 랜드마크에서는 어떤 대화를 하는지 먼저 살펴볼까요?

★ 원어민의 음성을 들어보세요.

English_16.mp3

1
A: How many vehicles cross the Golden Gate Bridge a year?
B: It is said that roughly 40 million vehicles cross the bridge each year.

2
A: What kind of bridge is the Golden Gate Bridge?
B: It is a suspension bridge.

3
A: Has the bridge ever been closed?
B: Yes, it has been closed three times due to high winds.

1
A: 1년에 얼마나 많은 차량이 다리를 통과하나요?
B: 대략 매년 4천만 대가 통과한다고 합니다.

2
A: 금문교는 어떤 종류의 다리인가요?
B: 현수교입니다.

3
A: 다리가 폐쇄된 적이 있나요?
B: 예, 강풍 때문에 세 번 폐쇄된 적이 있습니다.

준비하기

오늘의 주요 단어입니다. 학습을 시작하기 전에 단어부터 살펴보아요.

- vehicle 차량
- each year 매년
- kind 종류
- high wind 강풍
- scientist 과학자
- tunnel 터널
- close 닫다, 폐쇄하다
- cross 건너다
- roughly 대략
- due to ~때문에
- voice 목소리
- over ~이상
- secret 비밀의

실전여행

이정도 한마디는 랜드마크에서 꼭 해보아요. 패턴으로 완벽 암기하세요.

It is said that ~. ~라고 합니다

- **It is said that** she has a beautiful voice.
  그녀는 아름다운 목소리를 갖고 있다고 합니다.

- **It is said that** he lived to be over 80.
  그는 80살이 넘도록 살았다고 합니다.

- **It is said that** he was a teacher.
  그는 선생님이었다고 합니다.

- **It is said that** he is a scientist.
  그는 과학자라고 합니다.

- **It is said that** there is a secret tunnel in the building.
  그 건물에 비밀 터널이 있다고 합니다.

tip

It is said that ~. 은 '~라고 말해진다, ~라고 한다'라는 의미로 that 다음에 '주어 + 동사'가 온다. 'It is said that ~' 대신 'They say that ~'이라고 해도 된다.

일지쓰기

랜드마크에서 대화한 내용을 떠올리며 빈칸을 채워보세요.

1

A: How many vehicles _____ the Golden Gate Bridge a year?

B: _____ that 40 million vehicles cross the bridge _____ year.

A: 1년에 얼마나 많은 차량이 다리를 통과하나요?
B: 대략 매년 4천만 대가 통과한다고 합니다.

2

A: What _____ of bridge is the Golden Gate bridge?

B: It is a _____ bridge.

A: 금문교는 어떤 종류의 다리인가요?
B: 현수교입니다.

3

A: Has the bridge ever been _____?

B: Yes, it has been closed three times _____ high winds.

A: 다리가 폐쇄된 적이 있나요?
B: 예, 강풍 때문에 3번 폐쇄된 적이 있습니다.

정답
1 cross, It is said, each
2 kind, suspension
3 closed, due to

기억하기

다음 빈칸에 들어갈 내용을 떠올리며 앞서 다녀온 랜드마크를 다시 기억해보세요.

링컨 기념관(Lincoln Memorial)

Do you know why ~ ? 왜 ~는지 아십니까?

- **Do you know why** he is always _____?
  그는 왜 항상 지각하는지 아십니까?

- **Do you know why** Lincoln grew a beard?
  Lincoln이 왜 턱수염을 길렀는지 아십니까?

- **Do you know why** she is _____?
  왜 그녀가 울고 있는지 아십니까?

- **Do you know why** they didn't go to school?
  그들이 왜 학교에 가지 않았는지 아십니까?

- **Do you know why** he was so _____ this morning?
  그가 왜 오늘 아침 화가 많이 났는지 아십니까?

정답
» late
» crying
» upset

엠파이어 스테이트 빌딩(Empire State Building)

How long does it take ~ ? 얼마나 걸립니까?

- **How long does it take** to get there?
  거기까지는 시간이 얼마나 걸립니까?

- **How long did it take** you to _____ your homework?
  숙제하는 데 얼마나 걸렸습니까?

- **How long does it take** _____ here to the city hall?
  여기에서 시청까지 얼마나 걸립니까?

- **How long does it take** to reach the _____ of the mountain?
  산 정상까지 얼마나 걸립니까?

- **How long does it take** to _____ dinner?
  저녁 준비하는 데 얼마나 걸립니까?

정답
» finish
» from
» top
» prepare

A: Do you know why he is always late?

B: He seems to miss a school bus.

A: Every day?

B: Yes, because he gets up late every morning.

A: 그가 왜 항상 지각하는지 아니?
B: 스쿨버스를 놓치는 것 같아.
A: 매일?
B: 응, 매일 아침 늦게 일어나거든.

Key Point

'seem to + 동사원형'은 '~처럼 보인다'라는 의미이다.

miss 놓치다

late가 형용사로 쓰일 때에는 '늦은, 지각한'이란 의미이며, 부사로 쓰일 때에는 '늦게'라는 의미이다.

A: How long does it take from here to the Grand Hotel?

B: It takes about twenty minutes by subway.

A: Which line goes to the hotel?

B: The green line.

A: 여기서 그랜드 호텔까지 얼마나 걸리나요?
B: 지하철로 20분 걸립니다.
A: 어느 노선이 호텔에 가나요?
B: 그린 라인입니다.

Key Point

'by + 교통수단' 일 때 교통수단 앞에 관사를 쓰지 않음에 유의하자.

by car 자동차로

by train 기차로

*on foot 도보로

기억하기

다음 빈칸에 들어갈 내용을 떠올리며
앞서 다녀온 랜드마크를 다시 기억해보세요.

그랜드 캐니언(Grand Canyon)
How+형용사+be동사+주어~? 얼마나~?

- **How large** is your house?
  당신의 집은 얼마나 큽니까?

- **How tall** is the _____?
  동상의 높이는 얼마입니까?

- **How deep** is the _____?
  상처가 얼마나 깊습니까?

- **How big** is your company?
  회사의 규모가 얼마나 됩니까?

- **How small** is the _____?
  그 수족관은 얼마나 작습니까?

정답
» statue
» wound
» aquarium

금문교(Golden Gate Bridge)
It is said that ~. ~라고 합니다

- **It is said that** she has a beautiful _____.
  그녀는 아름다운 목소리를 갖고 있다고 합니다.

- **It is said that** he lived to be _____ 80.
  그는 80살이 넘도록 살았다고 합니다.

- **It is said that** he was a teacher.
  그는 선생님이었다고 합니다.

- **It is said that** he is a _____.
  그는 과학자라고 합니다.

- **It is said that** there is a _____ tunnel in the building.
  그 건물에 비밀 터널이 있다고 합니다.

정답
» voice
» over
» scientist
» secret

A: How much is the entrance fee?

B: Three dollars for adults and a dollar for children.

A: Two adults, please.

B: Here you go, sir, two tickets for adults.

A: 입장료가 얼마예요?
B: 성인은 3달러 아이는 1달러입니다.
A: 성인 표 두 장 주세요.
B: 여기 있습니다.

⭐ Key Point

adult 성인

Here you go.는 '여기 있습니다.'라는 의미이다. 비슷한 의미로 Here, they are. Here it is. 등이 있다.

A: It is said that she has a beautiful voice.

B: Right, she is part of the choir.

A: I'd like to hear her sing a song.

B: Me, too.

A: 그녀는 아름다운 목소리를 갖고 있대.
B: 맞아, 그녀는 합창단에 있어.
A: 그녀가 노래하는 것을 듣고 싶어.
B: 나도 그래.

⭐ Key Point

It is said that ~. 대신 They say that ~.으로 바꿔 표현할 수 있다.

choir 합창단

17 모하비 사막(Mojave Desert)

오늘 배울 표현은 **얼마나/얼마만큼 ~?**

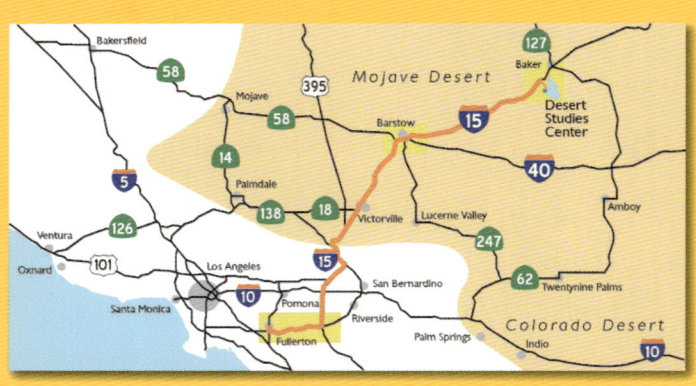

미국의 캘리포니아주 남동부를 중심으로 네바다주, 유타주, 애리조나주에 걸쳐 있는 고지대 사막이다. 사막 가운데 라스베이거스가 자리 잡고 있다. 사막의 이름은 아메리카 토착민인 모하비 족에서 유래하였으며, 넓이는 약 57,000km²이다. 모하비 사막은 해발 1,000m에서 2,000m에 이르는 고지대에 있으며 강수량은 연간 300mm 이하이다. 7~8월 기온은 49℃ 까지 올라, 데스밸리 국립공원, 유타 주의 자이언 국립공원 등과 더불어 북아메리카에서 가장 뜨거운 곳 중 하나이다.

미리보기

 이번 랜드마크에서는 어떤 대화를 하는지 먼저 살펴볼까요?

⭐ 원어민의 음성을 들어보세요.

English_17.mp3

1
A: How much rain does the Mojave Desert receive annually?
B: It receives less than 300mm of rain a year.

2
A: What types of animals live there?
B: Jackrabbits, golden eagles, rattlesnakes, tarantulas, scorpions, etc.

3
A: Is there an entrance fee?
B: There is no entrance fee, but some camp grounds require reservations and have fees.

1
A: 모하비 사막의 연 강수량은 얼마인가요?
B: 연 강수량은 300mm이하 입니다.

2
A: 어떤 동물들이 사나요?
B: 북미산 토끼, 검독수리, 방울뱀, 타란툴라, 전갈 등이 삽니다.

3
A: 입장료가 있나요?
B: 입장료는 없으나 일부 캠프 지역은 예약을 해야 하며 요금을 받습니다.

준비하기

오늘의 주요 단어입니다.
학습을 시작하기 전에
단어부터 살펴보아요.

- receive 받다
- less than ~이하
- rattlesnake 방울뱀
- scorpion 전갈
- require 요구하다
- need 필요하다
- round-trip 왕복
- annually 매년
- type 형태, 종류
- tarantula 타란툴라거미
- entrance fee 입장료
- reservation 예약
- stay 머무르다

실전여행

이 정도 한마디는
랜드마크에서 꼭 해보아요.
패턴으로 완벽 암기하세요.

How much ~ ? 얼마나/얼마만큼 ~?

- **How much** time do you need?
  시간이 얼마나 필요합니까?

- **How much** oil do you need?
  얼마나 많은 기름이 필요합니까?

- **How much** money do I need to buy a car?
  자동차를 사는데 돈이 얼마나 듭니까?

- **How much** water do you drink every day?
  여러분은 매일 얼마의 물을 마십니까?

- **How much** is a round trip ticket for an adult?
  성인 왕복 요금은 얼마입니까?

tip
How much는 '얼마만큼, 어느 정도'의 양을 나타낼 때 사용하는 표현으로 뒤에 명사가 올 경우에는 물질명사가 온다.

일지쓰기

➡️ 랜드마크에서 대화한 내용을 떠올리며 빈칸을 채워보세요.

1

A: How much rain does the Mojave Desert receive _____?

B: It receives _____ 300 mm of rain a year.

A: 모하비 사막의 연 강수량은 얼마인가요?
B: 연 강수량은 300mm이하 입니다.

2

A: What types of animals live there?

B: Jackrabbits, golden eagles, rattlesnakes, tarantulas, _____, etc.

A: 어떤 동물들이 사나요?
B: 북미산 토끼, 검독수리, 방울뱀, 타란툴라, 전갈 등이 삽니다.

3

A: Is there an entrance fee?

B: There is no entrance fee, but some camp grounds require _____ and have fees.

A: 입장료가 있나요?
B: 입장료는 없으나 일부 캠프 지역은 예약을 해야 하며 요금을 받습니다.

정답

1 annually, less than
2 scorpions
3 reservations

18 라스 베이거스(Las Vegas)

오늘 배울 표현은 **~할 나이**

미국 네바다주 남동부 사막 가운데에 있는 도시이다. 이곳은 카지노가 많아 관광과 도박의 도시로 불리며, 결혼과 이혼 절차가 간단한 것으로도 유명하다. 라스 베이거스는 1905년에 사막 위에 세워졌고 1946년에는 첫 대형 카지노가 열렸다. 관광업과 카지노의 발달로 도박업이 산업에 큰 비중을 차지하며, 컨벤션의 주요 장소이기도 하다. 매년 150만 명 이상의 사람들이 라스 베이거스로 컨벤션에 참석 하기 위해 온다고 한다.

미리보기

 이번 랜드마크에서는 어떤 대화를 하는지 먼저 살펴볼까요?

⭐ 원어민의 음성을 들어보세요.

English_18.mp3

1
A: What is the legal age for gambling?
B: The legal age for gambling in Nevada is 21.

2
A: Are you old enough to gamble?
B: Yes, I'm 22 years old.

3
A: What's the weather like in Las Vegas?
B: It's hot and sunny almost all year round.

1
A: 법적으로 도박을 할 수 있는 나이가 얼마인가요?
B: 네바다주에서는 21살입니다.

2
A: 당신은 도박하기에 충분한 나이인가요?
B: 예, 저는 22살입니다.

3
A: 라스 베이거스의 날씨는 어떤가요?
B: 거의 일 년 내내 덥고 맑습니다.

97

준비하기

오늘의 주요 단어입니다.
학습을 시작하기 전에
단어부터 살펴보아요.

- legal 법적인
- enough 충분한
- hot 더운
- sunny 맑은
- get married 결혼하다
- take care of ~를 돌보다
- gambling 도박
- weather 날씨
- almost 거의
- all year round 일 년 내내
- clear up 청소하다
- movie 영화

실전여행

이정도 한마디는
랜드마크에서 꼭 해보아요.
패턴으로 완벽 암기하세요.

old enough ~ ~할 나이

- **She is old enough** to go to school.
  그녀는 학교 갈 정도의 나이입니다.

- **You are not old enough** to get married.
  당신이 결혼하기에는 시기상조입니다.

- **Now you're old enough** to clear up your room.
  이제 당신의 방을 치울 나이가 됐습니다.

- **He's old enough** to take care of himself.
  그는 스스로를 돌볼 만큼 나이가 들었습니다.

- **I'm old enough** to see that kind of movie.
  나는 그러한 종류의 영화를 볼 만큼 나이가 들었습니다.

tip
부사 enough는 형용사를 뒤에서 수식하며 to 부정사와 함께 자주 사용된다.

일지쓰기

랜드마크에서 대화한 내용을 떠올리며 빈칸을 채워보세요.

1

A: What is the _____ age for gambling?

B: The legal age for gambling in Nevada is 21.

A: 법적으로 도박을 할 수 있는 나이가 얼마인가요?
B: 네바다주에서는 21살입니다.

2

A: Are you old _____ to gamble?

B: Yes, I'm 22 years old.

A: 당신은 도박하기에 충분한 나이인가요?
B: 예, 저는 22살입니다.

3

A: What's the weather like in Las Vegas?

B: It's hot and sunny almost _____.

A: 라스 베이거스의 날씨는 어떤가요?
B: 거의 일 년 내내 덥고 맑습니다.

정답

1 legal
2 enough
3 all year round

19 유니버설 스튜디오 할리우드(Universal Studios Hollywood)

오늘 배울 표현은 **어떻게 생각합니까?**

미국 유명영화를 주제로 구성한 테마파크로 미국 디즈니랜드에 이어 세계 2대 테마파크로 불리며, 1964년 7월 15일에 개장했다. 유니버설 스튜디오 할리우드는 할리우드 북쪽에 있으며, 170만 평방킬로미터의 면적으로 이루어진 세계 최대의 영화 및 TV 촬영 스튜디오이다. 이곳에서 킹콩, 조스, 케빈 코스트너 주연의 워터월드, 백 투 더 퓨처, 미이라, 터미네이터2 등 생생한 영화세트를 관람할 수 있고 다양한 놀이기구를 즐길 수도 있다.

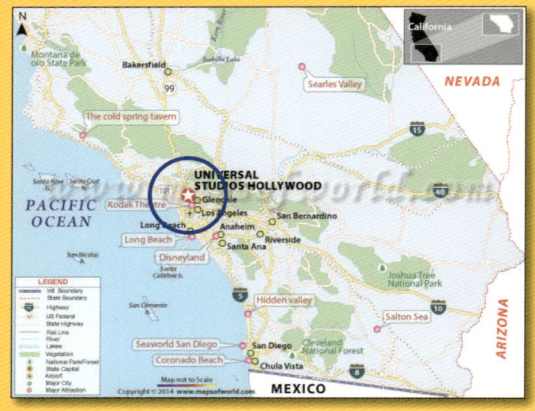

미리보기

이번 랜드마크에서는 어떤 대화를 하는지 먼저 살펴볼까요?

원어민의 음성을 들어보세요.

English_19.mp3

1
A: What is Universal Studios Hollywood?
B: It is a film studio and theme park.

2
A: Can I cover all the attractions in one day?
B: Yes, you probably can cover all the attractions in one day.

3
A: What do you think the best attraction at Universal Studios Hollywood is?
B: I think the movie sets are the best attraction.

1
A: 유니버설 스튜디오 할리우드는 무엇인가요?
B: 그것은 영화 스튜디오이면서 테마 파크입니다.

2
A: 하루에 모든 명소를 볼 수 있나요?
B: 예, 아마 볼 수 있을 것입니다.

3
A: 유니버설 스튜디오 할리우드에서 최고의 볼거리는 무엇인가요?
B: 실제 영화 세트들입니다.

준비하기

오늘의 주요 단어입니다.
학습을 시작하기 전에
단어부터 살펴보아요.

- film 영화
- theme park 주제 공원
- attraction 볼거리
- real 진짜의
- haircut 이발, 머리모양
- secret 비밀
- studio 스튜디오
- cover 여행하다, 답파하다
- probably 아마도
- movie set 영화 세트
- new 새로운
- wear 입다

실전여행

이정도 한마디는
랜드마크에서 꼭 해보아요.
패턴으로 완벽 암기하세요.

What do you think ~ ? 어떻게 생각합니까?

- **What do you think** the secret of your success is?
  성공의 비결이 뭐라고 생각합니까?

- **What do you think** about my new car?
  나의 새 자동차에 대해 어떻게 생각합니까?

- **What do you think** I should wear?
  어떤 옷을 입는 게 좋습니까?

- **What do you think** of my new haircut?
  나의 새 헤어스타일은 어떻습니까?

- **What do you think** this is?
  당신은 이게 뭐라고 생각합니까?

tip
의문사 what 대신 how을 사용하면 내용상 어색함으로 사용하지 않도록 유의하자.

일지쓰기

랜드마크에서 대화한 내용을 떠올리며 빈칸을 채워보세요.

1

A: What is Universal Studios Hollywood?

B: It is a film studio and _____ park.

A: 유니버설 스튜디오 할리우드는 무엇인가요?
B: 그것은 영화 스튜디오이면서 테마 파크입니다.

2

A: Can I cover all the _____ in one day?

B: Yes, you _____ can cover all the attractions in one day.

A: 하루에 모든 명소를 볼 수 있나요?
B: 예, 아마 볼 수 있을 것입니다.

3

A: What do you think the best attraction at Universal Studios Hollywood is?

B: I think the _____ are the best attraction.

A: 유니버설 스튜디오 할리우드에서 최고의 볼거리는 무엇인가요?
B: 실제 영화 세트들입니다.

정답

1. theme
2. attractions, probably
3. movie sets

103

20 나파밸리(Napa Valley)

오늘 배울 표현은 **~할 것입니다**

San Francisco에서 차로 약 1시간 반 정도 거리에 있으며, 수많은 와이너리를 구경하고 직접 와인 시음을 할 수 있는 곳으로 유명한 관광지입니다. 예전에는 미국 원주민들이 거주하던 곳으로 따뜻한 기후와 높은 일교차, 그리고 적절한 토양 때문에 포도 재배에 최적의 조건을 가지고 있습니다. 다양한 와인 양조장(와이너리)을 구경할 수 있어서 늘 많은 관광객으로 붐비고 있습니다.

미리보기

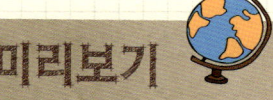 이번 랜드마크에서는 어떤 대화를 하는지 먼저 살펴볼까요?

원어민의 음성을 들어보세요.

 English_20.mp3

1
A: What are you going to do today?
B: I'm going to visit Napa Valley.

2
A: What is Napa Valley known for?
B: Napa Valley is known for its delicious and high quality wine.

3
A: Are there wineries in Napa Valley?
B: Yes, there are more than two hundred wineries.

1
A: 오늘 뭐 할거니?
B: Napa Valley에 갈거야.

2
A: Napa Valley는 무엇으로 유명하니?
B: 맛 좋고 질이 좋은 포도주로 유명해.

3
A: 그곳에 포도주 양조장이 있니?
B: 200개 이상의 포도주 양조장이 있어.

105

준비하기

오늘의 주요 단어입니다. 학습을 시작하기 전에 단어부터 살펴보아요.

- delicious 맛있는
- quality 질, 고급
- join 가입하다
- produce 생산하다
- skip 건너뛰다
- cell phone 휴대전화기
- next week 다음 주
- high 높은
- winery 양조장
- wine 와인, 포도주
- visit 방문하다
- attend 참석하다
- be going to ~할 것이다
- book club 독서클럽

실전여행

이정도 한마디는 랜드마크에서 꼭 해보아요. 패턴으로 완벽 암기하세요.

be going to ~ ~할 것입니다

- I **am going to** join a book club tomorrow.
  내일 독서 클럽에 가입할 겁니다.

- I **am going to** skip dinner today.
  오늘 저녁을 거를 참입니다.

- Jack **is going to** buy a cell phone next week.
  Jack은 다음 주에 휴대폰을 살 것입니다.

- It **is going to** rain.
  비가 올 것 같습니다.

- They **are going to** attend the meeting this afternoon.
  그들은 오후에 회의에 참석할 것입니다.

tip
'be going to + 동사원형'은 '~할 예정이다'라는 뜻으로 가까운 미래의 계획 등을 나타낼 때 사용한다.

일지쓰기

랜드마크에서 대화한 내용을 떠올리며 빈칸을 채워보세요.

1

A: What are you going to do today?
B: I'm _____ visit Napa Valley.

A: 오늘 뭐 할거니?
B: Napa Valley에 갈거야.

2

A: What is Napa Valley known for?
B: Napa Valley is known for its _____ and high _____ wine.

A: Napa Valley는 무엇으로 유명하니?
B: 맛 좋고 질이 좋은 포도주로 유명해.

3

A: Are there _____ in Napa Valley?
B: Yes, there are more than two hundred wineries.

A: 그곳에 포도주 양조장이 있니?
B: 200개 이상의 포도주 양조장이 있어.

정답
1 going to
2 delicious, quality
3 wineries

기억하기

다음 빈칸에 들어갈 내용을 떠올리며 앞서 다녀온 랜드마크를 다시 기억해보세요.

17

모하비 사막(Mojave Desert)

How much + (물질명사) ~   얼마나/얼마만큼 ~?

- **How much** time do you _____?
  시간이 얼마나 필요합니까?

- **How much** oil do you need?
  얼마나 많은 기름이 필요합니까?

- **How much** _____ do I need to buy a car?
  자동차를 사는데 돈이 얼마나 듭니까?

- **How much** water do you drink _____?
  여러분은 매일 얼마의 물을 마십니까?

- **How much** is a _____ ticket for an adult?
  성인 왕복 요금은 얼마입니까?

정답
» need
» money
» every day
» round trip

18

라스 베이거스(Las Vegas)

old enough ~   ~할 나이

- **She is old enough** to go to school.
  그녀는 학교 갈 정도의 나이입니다.

- **You are not old enough** to get _____.
  당신이 결혼하기에는 시기상조입니다.

- **Now you're old enough** to _____ your room.
  이제 당신의 방을 치울 나이가 됐습니다.

- **He's old enough** to _____ himself.
  그는 스스로를 돌볼 만큼 나이가 들었습니다.

- **I'm old enough** to see that kind of movie.
  나는 그러한 종류의 영화를 볼 만큼 나이가 들었습니다.

정답
» married
» clear up
» take care of

A: How much money do I need to buy a car?
B: It depends on the car you want.
A: I want a compact car.
B: I think it will cost you about ten thousand dollars.

A : 자동차 구입하는데 얼마가 필요 할까?
B : 어떤 차를 원하느냐에 달려 있어.
A : 소형차를 원해.
B : 약 1만 달러 필요할거야.

Key Point
depend on ~에 달려있다
a compact car 소형차
cost 비용이 들게 하다

A: Do you know how old Michelle is?
B: I'm not sure but she is old enough to go to school.
A: Really? I thought she is too young to go to school.

A : Michelle이 몇 살인지 아니?
B : 잘 모르지만 학교 갈 나이는 되었어.
A : 정말? 나는 학교 가기에는 어리다고 생각했는데.

Key Point
'too 형용사 + to 부정사'는 '너무 ~해서 ~할 수 없다'라는 의미이다.

기억하기

다음 빈칸에 들어갈 내용을 떠올리며 앞서 다녀온 랜드마크를 다시 기억해보세요.

19 유니버설 스튜디오 할리우드(Universal Studios Hollywood)

What do you think ~ ? 어떻게 생각합니까?

- **What do you think** the secret of your _____ is?
  성공의 비결이 뭐라고 생각합니까?

- **What do you think** about my new car?
  나의 새 자동차에 대해 어떻게 생각합니까?

- **What do you think** I should _____?
  어떤 옷을 입는 게 좋습니까?

- **What do you think** of my new _____?
  나의 새 헤어스타일은 어떻습니까?

- **What do you think** this is?
  당신은 이게 뭐라고 생각합니까?

정답
» success
» wear
» haircut

20 나파밸리(Napa Valley)

be going to ~   ~할 것입니다

- **I am going to** _____ a book club tomorrow.
  내일 독서 클럽에 가입할 겁니다.

- **I am going to** _____ dinner today.
  오늘 저녁을 거를 참입니다.

- **Jack is going to** buy a cell phone next week.
  Jack은 다음 주에 휴대폰을 살 것입니다.

- **It is going to** _____.
  비가 올 것 같습니다.

- **They are going to** _____ the meeting this afternoon.
  그들은 오후에 회의에 참석할 것입니다.

정답
» join
» skip
» rain
» attend

A: What do you think the secret of your health is?
B: I take a walk every morning.
A: How long do you usually take a walk for?
B: For one and a half hours.

A : 건강의 비결이 뭐라고 생각하나요?
B : 매일 산책을 합니다.
A : 얼마나 오래 동안 하나요?
B : 한 시간 반 동안 합니다.

Key Point

take a walk 산책하다

one and a half hours
한 시간 반

의문사가 있는 의문문의 경우에는 yes/no 대답을 하면 어색하다.

A: What are you going to do this afternoon?
B: I'm going to attend the monthly meeting.
A: Do I have to attend the meeting with you?
B: No, you don't have to.

A : 오후에 뭐하니?
B : 월간 회의에 참석할 거야.
A : 나도 너와 함께 참석해야 하니?
B : 아니, 그럴 필요 없어.

Key Point

'don't have to + 동사원형'은 '~할 필요가 없다'라는 의미이다.

21. 인앤아웃 버거(In-N-Out Burger)

오늘 배울 표현은 **~하는 게 어떻습니까?**

미국 캘리포니아주 어바인에 본사를 두고 서부주에서 매장을 운영하는 햄버거 체인점이다. 미국에만 존재하며, 현재 캘리포니아 외에 네바다, 애리조나, 유타에 약 250개 지점이 있다. In-N-Out Burger의 성공비결은 바로 냉동감자를 쓰지 않고 통감자를 썰어 그대로 튀겨져 나오고, 햄버거에 들어가는 재료도 그날그날 신선한 재료를 쓴다고 한다. In-N-Out Burger에서 파는 버거는 세 종류로, 햄버거, 치즈버거, 더블 더블이다. 그 외에도 식당 차림표에 없으나 인터넷에서 확인이 가능한 추가 음식들이 존재한다. 미국 동부에는 In-N-Out Burger 매장이 없으며 대신 뉴욕에 기반을 둔 Shack Shake라는 햄버거 체인점이 있다.

 미리보기

이번 랜드마크에서는 어떤 대화를 하는지 먼저 살펴볼까요?

원어민의 음성을 들어보세요.

English_21.mp3

1
A: What would you like to have for lunch?
B: I'd like to have a hamburger.

2
A: How about going to In-N-Out Burger?
B: Sounds good.

3
A: What kind of hamburger do you want?
B: I'll have the Double-Double burger.

1
A: 오늘 점심으로 무엇을 먹고 싶어?
B: 햄버거를 먹고 싶어.

2
A: In-N-Out Burger 가는 게 어때?
B: 좋아.

3
A: 어떤 햄버거 먹을래?
B: Double-Double 먹을 거야.

준비하기

오늘의 주요 단어입니다.
학습을 시작하기 전에
단어부터 살펴보아요.

- have 먹다
- hamburger 햄버거
- Sounds good. 좋아.
- go shopping 쇼핑하다
- Korean food 한국음식
- have a party 파티를 열다
- lunch 점심
- How about ~하는 게 어때
- soccer 축구
- try 시도하다
- this time 이번에
- buy 사다, 구매하다

실전여행

이정도 한마디는
랜드마크에서 꼭 해보아요.
패턴으로 완벽 암기하세요.

How about ~ ? ~하는 게 어떻습니까?

- **How about** buying flowers for her?
  그녀를 위해 꽃을 사는 게 어떻습니까?

- **How about** playing soccer this afternoon?
  오늘 오후에 축구하는 게 어떻습니까?

- **How about** going shopping?
  쇼핑하는 게 어떻습니까?

- **How about** trying Korean food this time?
  이번에 한국 음식 먹는 게 어떻습니까?

- **How about** having a party for her?
  그녀를 위해 파티를 하는 게 어떻습니까?

tip
How about 다음에 '명사'나 '동명사'가 와서 상대방에게 뭔가를 제안 할 때 사용한다.
How about 대신 What about을 사용해도 된다.

일지쓰기

랜드마크에서 대화한 내용을 떠올리며 빈칸을 채워보세요.

1

A: What would you like to _____ for lunch?

B: I'd like to have a hamburger.

A: 오늘 점심으로 무엇을 먹고 싶어?
B: 햄버거를 먹고 싶어.

2

A: How about going to In-N-Out Burger?

B: _____ good.

A: In-N-Out Burger 가는 게 어때?
B: 좋아.

3

A: What kind of hamburger do you _____?

B: I'll have the Double-Double burger.

A: 어떤 햄버거 먹을래?
B: Double-Double 먹을 거야.

정답
1 have
2 Sounds
3 want

22 스페이스 니들(Space Needle)

오늘 배울 표현은 ~보다 더 ~합니다

미국 워싱턴주 시애틀에 있는 탑이다. 그 이름에서도 알 수 있듯이 긴 바늘 위에 외계의 비행물체가 착륙해 있는 듯한 모습을 하고 있으며, 시애틀의 상징이다. 시애틀 센터에 있는 이 탑은 1962년 세계 박람회를 위해 지어졌다. 높이는 약 180m이며, 전망대까지 엘리베이터를 타고 40초면 도달할 수 있다.

미리보기

 이번 랜드마크에서는 어떤 대화를 하는지 먼저 살펴볼까요?

원어민의 음성을 들어보세요.

English_22.mp3

1
A: Which is taller, the Seattle Space Needle or the Eiffel Tower?
B: The Eiffel Tower is much taller than the Space Needle.

2
A: How long does it take to go up to the observatory by elevator?
B: It takes about 40 seconds.

3
A: How is the view from the top of the Space Needle?
B: The view is beautiful and you can see the whole Seattle skyline.

1
A: 에펠 탑하고 Space Needle 중 어느 것이 높나요?
B: 에펠 탑이 훨씬 높습니다.

2
A: 엘리베이터로 전망대까지 가는데 얼마나 걸리나요?
B: 약 40초 걸립니다.

3
A: 전망대에서의 경치가 어떤가요?
B: 전망이 아름답고 시애틀 전체의 고층건물을 볼 수 있습니다.

준비하기

오늘의 주요 단어입니다. 학습을 시작하기 전에 단어부터 살펴보아요.

- view 경치
- observatory 관측소
- skyline 스카이 라인
- expect 예상하다
- consume 소비하다
- light 빛
- space 우주
- needle 바늘
- sound 소리
- heavy 무거운
- gas 기름
- less little의 비교급

실전여행

이정도 한마디는 랜드마크에서 꼭 해보아요. 패턴으로 완벽 암기하세요.

much 비교급 + than ~보다 더 ~합니다

- **Light travels much faster than sound.**
  빛은 소리보다 훨씬 빨리 전도됩니다.

- **Our sales are much higher than we expected.**
  매상이 예상을 크게 웃돌고 있습니다.

- **He was always much taller than his friends.**
  그는 항상 친구들보다 컸습니다.

- **Kevin is much heavier than me.**
  Kevin이 나보다 훨씬 더 몸무게가 많이 나갑니다.

- **This car consumes gas much less than that one.**
  이 차가 저 차보다 기름을 훨씬 적게 씁니다.

tip
much는 비교급을 강조하여 '훨씬'이라는 의미로 사용하며 much대신 even, a lot 등이 올 수 있다.

일지쓰기

랜드마크에서 대화한 내용을 떠올리며 빈칸을 채워보세요.

1

A: Which is _____, the Seattle Space Needle or the Eiffel Tower?

B: The Eiffel Tower is _____ taller than the Space Needle.

A: 에펠 탑하고 Space Needle 중 어느 것이 높나요?
B: 에펠 탑이 훨씬 높습니다.

2

A: How long does it take to go _____ the observatory by elevator.

B: It takes about 40 seconds.

A: 엘리베이터로 전망대까지 가는데 얼마나 걸리나요?
B: 약 40초 걸립니다.

3

A: How is the _____ from the top of the Space Needle?

B: The view is beautiful and you can see the _____ Seattle skyline.

A: 전망대에서의 경치가 어떤가요?
B: 전망이 아름답고 시애틀 전체의 고층건물을 볼 수 있습니다.

정답

1 taller, much
2 up to
3 view, whole

23 파이크 플레이스 마켓(Pike Place Market)

오늘 배울 표현은 **거기 ~가 있습니까?**

미국 워싱턴주 시애틀에 있는 공공 재래시장이다. 이 시장은 1907년 8월 17일에 개장하였으며 미국에서 가장 오래 운영한 시장 가운데 하나이다. 중심 도로의 이름을 따서 지어진 파이크 플레이스(Pike Place)는 파이크 스트리트 북서쪽에서 버지니아 스트리트로 이어지며, 시애틀에서 가장 유명한 관광 지역 가운데 하나이다. Starbucks 1호점이 있는 곳이기도 하다.

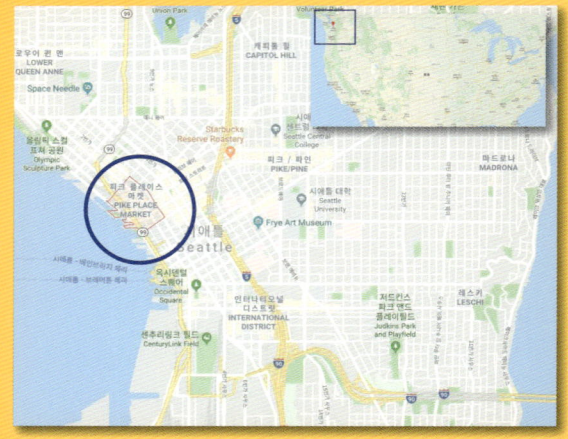

미리보기

이번 랜드마크에서는 어떤 대화를 하는지 먼저 살펴볼까요?

원어민의 음성을 들어보세요.

English_23.mp3

1

A: What items does the Pike Place Market offer?
B: It offers all fruits, vegetables, fish, and various food.

2

A: How do I get there?
B: The best way is to use a monorail.

3

A: Is there any special place you can recommend?
B: I recommend you to go to the first ever Starbucks which is located in Pike Place Market.

1

A: Pike Place Market은 무엇을 판매하나요?
B: 과일, 야채, 생선, 다양한 음식들을 판매합니다.

2

A: 어떻게 가나요?
B: 모노레일을 이용하는 것이 가장 좋습니다.

3

A: 추천할 곳이 있나요?
B: Pike Place Market에 있는 스타벅스 1호점을 가보세요.

준비하기

오늘의 주요 단어입니다. 학습을 시작하기 전에 단어부터 살펴보아요.

- offer 제공하다
- vegetable 야채
- way 방법
- recommend 추천하다
- else 그 밖의
- mall 쇼핑센터
- nearby 근처에
- various 다양한
- fish 생선
- want 원하다
- place 장소
- anyone 누군가
- apartment 아파트

실전여행

이정도 한마디는 랜드마크에서 꼭 해보아요. 패턴으로 완벽 암기하세요.

Is there ~ ? 거기 ~가 있습니까?

- **Is there** anything else you want to buy?
  더 사고 싶은 게 있습니까?

- **Is there** anyone in the room?
  방에 누가 있습니까?

- **Is there** a shopping mall near the apartment?
  아파트 근처에 쇼핑몰이 있습니까?

- **Is there** a park nearby?
  근처에 공원이 있습니까?

- **Are there** any nice restaurants around here?
  이 근처에 어디 괜찮은 식당이 있습니까?

tip

Is there ~ ?는 '~에 ~가 있나요?'라는 의미로 많이 쓰이며 there 다음에 단수명사나 물질명사가 온다. Are there 다음에는 복수 명사가 온다.

일지쓰기

랜드마크에서 대화한 내용을 떠올리며 빈칸을 채워보세요.

1

A: What _____ does the Pike Place Market offer?

B: It offers all fruits, _____, fish, and _____ food.

A: Pike Place Market은 무엇을 판매하나요?
B: 과일, 야채, 생선, 다양한 음식들을 판매합니다.

2

A: How do I get there?

B: The best way is to _____ a monorail.

A: 어떻게 가나요?
B: 모노레일을 이용하는 것이 가장 좋습니다.

3

A: Is there any special place you can _____?

B: I recommend you to _____ the first ever Starbucks which is located in Pike Place Market.

A: 추천할 곳이 있나요?
B: Pike Place Market에 있는 스타벅스 1호점을 가보세요.

정답

1 items, vegetables, various
2 use
3 recommend, go to

24 라이드 덕스(Ride the Ducks)

👉 오늘 배울 표현은 **어디서 ~합니까?**

제2차 세계 대전 때 사용한 수륙양용차를 이용하여 여행객들에게 시내 관광을 하는 데 사용하면서 우리에게 알려져 있다. 영화 만추에서 현빈과 탕웨이가 시애틀을 관광하기 위해 탔던 것으로 시애틀의 명소인 Pike Place Market과 Space Needle, 야구장인 세이프코 필드 등을 약 90분 동안 둘러볼 수 있다.

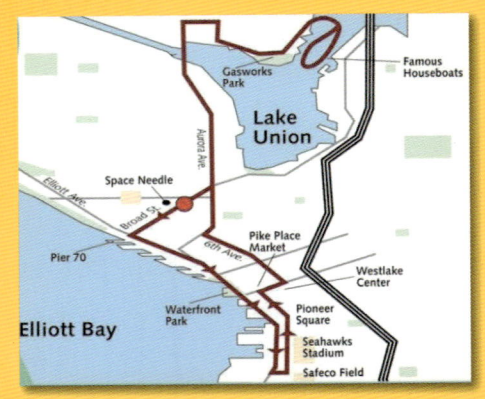

✚ 성인: $29 plus tax 아동(3–12): $18 plus tax
유아: (0–2): $1 plus tax
투어 시간: 90분 (60분 육상여행, 30분 수상여행)

시애틀 이외에도 Branson, Missouri; Newport, San Francisco 등에서도 볼 수 있다.

미리보기

 이번 랜드마크에서는 어떤 대화를 하는지 먼저 살펴볼까요?

⭐ 원어민의 음성을 들어보세요.

English_24.mp3

1
A: How long is the Ride the Ducks tour in Seattle?
B: The length of the tour is 90 minutes.

2
A: How much do I have to pay for the tour?
B: The tour costs $29 plus tax.

3
A: Where does the tour take me?
B: You can see all the attractions in Seattle.

1
A: 시애틀의 Ride the Ducks 관광은 얼마나 시간이 걸리나요?
B: 90분 걸립니다.

2
A: 얼마인가요?
B: 29달러에 세금이 별도입니다.

3
A: 여행코스는 어떤가요?
B: 시애틀의 모든 명물을 볼 수 있습니다.

준비하기

오늘의 주요 단어입니다. 학습을 시작하기 전에 단어부터 살펴보아요.

- ride 탈것, ~을 타다
- length 길이
- route 루트, 길
- tax 세금
- pay 지불하다
- have to ~해야한다
- live 살다
- place ~을 놓다, 두다
- next 다음에
- noise 소음
- come from ~에서 오다
- take 데려가다

실전여행

이정도 한마디는 랜드마크에서 꼭 해보아요. 패턴으로 완벽 암기하세요.

Where does[do] ~ ? 어디서 ~합니까?

- **Where does** he live now?
  그는 어디에 삽니까?

- **Where does** the bus stop next?
  다음 정류장은 어디입니까?

- **Where does** the noise come from?
  이 소음은 어디서 나는 것입니까?

- **Where do** I place this box?
  이 상자를 어디에 놓습니까?

- **Where do** you like to go?
  어디에 가고 싶습니까?

tip 장소와 관련된 일을 표현할 때 주로 사용한다.

일지쓰기

랜드마크에서 대화한 내용을 떠올리며 빈칸을 채워보세요.

1

A: How _____ is the Ride the Ducks tour in Seattle?

B: The _____ of the tour is 90 minutes.

A: 시애틀의 Ride the Ducks 관광은 얼마나 시간이 걸리나요?
B: 90분 걸립니다.

2

A: How _____ do I have to pay for the tour?

B: The tour _____ $29 plus tax.

A: 얼마인가요?
B: 29달러에 세금이 별도입니다.

3

A: Where does the tour _____ me?

B: You _____ see all the attractions in Seattle.

A: 여행코스는 어떤가요?
B: 시애틀의 모든 명물을 볼 수 있습니다.

정답

1. long, length
2. much, costs
3. take, can

기억하기

다음 빈칸에 들어갈 내용을 떠올리며 앞서 다녀온 랜드마크를 다시 기억해보세요.

21 인앤아웃 버거(In-N-Out Burger)

How about + 동명사 ~? ~하는 게 어떻습니까?

- How about _____ flowers for her?
  그녀를 위해 꽃을 사는 게 어떻습니까?

- How about _____ soccer this afternoon?
  오늘 오후에 축구하는 게 어떻습니까?

- How about going shopping?
  쇼핑하는 게 어떻습니까?

- How about _____ Korean food this time?
  이번에 한국 음식 먹는 게 어떻습니까?

- How about _____ a party for her?
  그녀를 위해 파티를 하는 게 어떻습니까?

정답
» buying
» playing
» trying
» having

22 스페이스 니들(Space Needle)

much 비교급 + than ~보다 더 ~합니다

- Light travels much faster than sound.
  빛은 소리보다 훨씬 빨리 전도됩니다.

- Our sales are much _____ than we expected.
  매상이 예상을 크게 웃돌고 있습니다.

- He was always much taller than his friends.
  그는 항상 친구들보다 컸습니다.

- Kevin is much _____ than me.
  Kevin이 나보다 훨씬 더 몸무게가 많이 나갑니다.

- This car consumes gas much _____ than that one.
  이 차가 저 차보다 기름을 훨씬 적게 씁니다.

정답
» higher
» heavier
» less

A: What do you want for dinner?

B: How about trying Korean food this time?

A: Is there any special food you want?

B: Yes, I want to have bibimbab.

A: 저녁식사로 뭘 원해?
B: 한국음식 어때?
A: 뭐 먹고 싶은 거 있어?
B: 비빔밥 먹고 싶어.

⭐ **Key Point**

How about trying Korean food this time?

= What about trying Korean food this time?

have 먹다

try 시도하다

A: Can I expect a raise this year?

B: Yes, you will get a small raise.

A: Can you tell me the rate of my pay increase?

B: You will get a 5% pay increase.

A: It's much less than I expected.

A: 올해 급여 인상을 기대해도 되나요?
B: 약간의 봉급 인상이 있을 거예요.
A: 얼마나 인상되는지 알 수 있나요?
B: 5% 인상될 거예요.
A: 기대한 것보다 훨씬 적군요.

⭐ **Key Point**

expect 기대하다

raise 급여인상

pay 급여

increase 증가

기억하기

다음 빈칸에 들어갈 내용을 떠올리며 앞서 다녀온 랜드마크를 다시 기억해보세요.

23

파이크 플레이스 마켓(Pike Place Market)
Is there ~ ? 거기 ~가 있습니까?

- **Is there** _____ else you want to buy?
  더 사고 싶은 게 있습니까?

- **Is there** anyone in the room?
  방에 누가 있습니까?

- **Is there** a shopping mall near the apartment?
  아파트 근처에 쇼핑몰이 있습니까?

- **Is there** a park _____?
  근처에 공원이 있습니까?

- **Are there** any nice restaurants around _____?
  이 근처에 어디 괜찮은 식당이 있습니까?

정답
» anything
» nearby
» here

라이드 덕스(Ride the Ducks)
where does[do] + 주어 + 동사~? 어디서 ~합니까?

- **Where does** he live now?
  그는 어디에 삽니까?

- **Where does** the bus stop _____?
  다음 정류장은 어디입니까?

- **Where does** the _____ come from?
  이 소음은 어디서 나는 것입니까?

- **Where do** I _____ this box?
  이 상자를 어디에 놓습니까?

- **Where do** you like to go?
  어디에 가고 싶습니까?

정답
» next
» noise
» place

A: Is there a shopping mall near the apartment?

B: Yes, there is a mall near the bus stop.

A: How far is it from here?

B: It's ten minutes' walk.

A: 아파트 근처에 쇼핑몰이 있어?
B: 버스정류장 근처에 있어.
A: 여기서 얼마나 멀어?
B: 걸어서 10분 걸려.

Key Point

bus stop 버스 정류장

how far ~얼마나 먼

ten minutes' walk 걸어서 10분 거리

A: Where do you live?

B: I live in Seoul.

A: How long have you been living in Seoul?

B: For three years.

A: 어디에 살아?
B: 서울에 살아.
A: 얼마 동안 서울에 살고 있어?
B: 3년 동안 살고 있어.

Key Point

How long have you been living in Seoul? 현재 완료형 문장으로 대답을 할때에도 현재완료형으로 대답해야 한다.

For three years. = I have been living in Seoul for three years.

25 샌프란시스코 케이블카(San Francisco Cable Cars)

오늘 배울 표현은 **나는 ~라고 생각합니다**

바닥에 레일이 있어 레일을 따라 움직이는 전차와 같은 것으로 샌프란시스코의 대표적인 명물이다. 처음에는 23개의 노선이 있었으나 현재 3개의 노선이 운행 중이다.

케이블카는 샌프란시스코의 유명 관광코스를 순회하기 때문에 매우 유용한 교통수단이다. 케이블카의 운행시간은 오전 6시 30분부터 저녁 12시 30분까지이며, 연간 900만 명이 케이블 카를 이용하는데 대부분이 관광객이다.

✚ 노선 길이: California St. line: 1.4 miles (2.3 km)
　　　　　　 Powell-Mason line: 1.6 miles (2.6 km)
　　　　　　 Powell-Hyde line: 2.1 miles (3.4 km

미리보기

 이번 랜드마크에서는 어떤 대화를 하는지 먼저 살펴볼까요?

원어민의 음성을 들어보세요.

English_25.mp3

1
A: What is the landmark in San Francisco?
B: I think the cable car is one of the landmarks in San Francisco.

2
A: How many lines are still running?
B: Three lines.

3
A: Which line is the longest?
B: Powell - Hyde line is the longest.

1
A: 샌프란시스코의 명물은 무엇인가요?
B: 케이블카가 명물 중 하나 입니다.

2
A: 몇 개의 노선이 운행 중인가요?
B: 3개의 노선이 운행 중입니다.

3
A: 어느 노선이 가장 긴가요?
B: Powell – Hyde 노선이 가장 깁니다.

준비하기

오늘의 주요 단어입니다. 학습을 시작하기 전에 단어부터 살펴보아요.

- cable car 케이블 카
- run 운행하다
- wrong 잘못된
- have to ~해야한다
- plenty of ~이 많은
- go home 집에 가다
- line 노선
- longest 가장 긴
- healthy 건강한
- practice 실행하다, 연습하다
- should ~ 해야한다
- landmark 주요 지형물, 역사적인 장소

실전여행

이정도 한마디는 랜드마크에서 꼭 해보아요. 패턴으로 완벽 암기하세요.

I think 주어 + 동사 ~. 나는 ~라고 생각합니다

- **I think you are** wrong. Please think again.
  내 생각에는 당신이 틀린 것 같습니다. 다시 생각해 보세요.

- **I think he looks** very healthy.
  그가 건강해 보입니다.

- **I think you have** to practice more.
  당신은 더 연습해야 합니다.

- **I think we'll have** plenty of time.
  아직도 시간은 충분합니다.

- **I think we should go** home now.
  우리는 지금 집에 가야합니다.

tip

'I think (that) 주어 + 동사 ~ .' 는 '나는 ~라고 생각해'라는 뜻 이지만 해석을 할 때에 '나는' 이 라는 말을 생략하는 것이 자연스 럽다. 또한 that은 접속사로 생략 이 가능하다.

일지쓰기

➡ 랜드마크에서 대화한 내용을 떠올리며 빈칸을 채워보세요.

1

A: What is the _____ in San Francisco?

B: I _____ the cable car is one of the landmarks in San Francisco.

A: 샌프란시스코의 명물은 무엇인가요?
B: 케이블카가 명물 중 하나 입니다.

2

A: How many lines are still _____?

B: Three lines.

A: 몇 개의 노선이 운행 중인가요?
B: 3개의 노선이 운행 중입니다.

3

A: Which line is the _____?

B: Powell - Hyde _____ is the longest.

A: 어느 노선이 가장 긴가요?
B: Powell – Hyde 노선이 가장 깁니다.

정답

1 landmark, think
2 running
3 longest, line

26 알카트라즈(Alcatraz)

오늘 배울 표현은 **그들은 ~라고 말합니다**

미국 캘리포니아주 샌프란시스코만 내의 작은 섬으로 1934년부터 1963년까지 연방 교도소로 사용하였다. 우리에게는 영화 The Rock으로 많이 알려졌으며, 현재에는 관광장소로 일반인에게 공개되었고, 관광객들은 ferry를 이용해서 섬에 갈 수 있다. Alcatraz island는 처음 등대 시설로 개발되었으며, 이후 군대에 의해 요새화 되었다가 1868년 감옥으로 사용되기 시작했다. 성수기에는 관광객들이 많아 표를 구할 수 없다고 한다.

미리보기

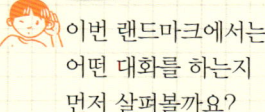 이번 랜드마크에서는 어떤 대화를 하는지 먼저 살펴볼까요?

🌟 원어민의 음성을 들어보세요.

English_26.mp3

1
A: How many prisoners did Alcatraz have?
B: The highest number ever recorded was 302.

2
A: Did anyone ever escape from Alcatraz?
B: They say that nobody ever escaped.

3
A: How do we get to Alcatraz?
B: There is a ferry going to the island.

1
A: Alcatraz에 얼마나 많은 죄수가 있었나요?
B: 최대 302명 까지 있었습니다.

2
A: 탈출한 죄수가 있었나요?
B: 탈출한 죄수는 없었다고 합니다.

3
A: Alcatraz에 어떻게 가나요?
B: 섬에 가는 페리가 있습니다.

준비하기

오늘의 주요 단어입니다. 학습을 시작하기 전에 단어부터 살펴보아요.

- prisoner 죄수
- anyone 누군가
- from ~로 부터
- nobody 아무도
- good for ~에 좋다
- hot 더운
- on Saturdays 토요일 마다
- record 기록, 기록하다
- escape 탈출하다
- ever 지금까지
- island 섬
- get to 도착하다
- fast 빠른, 빠르게
- health 건강

실전여행

이정도 한마디는 랜드마크에서 꼭 해보아요. 패턴으로 완벽 암기하세요.

They say (that) ~. 그들은 ~라고 말합니다

- **They say** that milk is good for health.
  우유가 건강에 좋다고 합니다.

- **They say** he is a doctor.
  그들은 그가 의사라고 말합니다.

- **They say** that it is very hot in summer in Korea.
  한국의 여름은 매우 덥다고 합니다.

- **They say** that they don't go to school on Saturdays.
  그들은 토요일에 학교를 가지 않는다고 합니다.

- **They say** that Sam runs faster than Jack.
  Sam은 Jack보다 빨리 달린다고 합니다.

tip
'They say that 주어 + 동사 ~.' 에서 they가 불특정 다수를 나타내는 경우가 있으며, 이때에는 they say 부분의 해석을 생략하는 것이 자연스럽다.

일지쓰기

랜드마크에서 대화한 내용을 떠올리며 빈칸을 채워보세요.

1

A: How many _____ did Alcatraz have?

B: The _____ number ever recorded was 302.

A: Alcatraz에 얼마나 많은 죄수가 있었나요?
B: 최대 302명 까지 있었습니다.

2

A: Did anyone ever _____ from Alcatraz?

B: They say that _____ ever escaped.

A: 탈출한 죄수가 있었나요?
B: 탈출한 죄수는 없었다고 합니다.

3

A: How do we get to Alcatraz?

B: There is a ferry going to the _____.

A: Alcatraz에 어떻게 가나요?
B: 섬에 가는 페리가 있습니다.

정답

1 prisoners, highest
2 escape, nobody
3 island

27 피셔맨스 워프(Fisherman's Wharf)

오늘 배울 표현은 **나는 ~하고 싶습니다**

샌프란시스코의 해안 관광명소로 샌프란시스코 북쪽 해안가에 위치해 있다. wharf는 '부두'라는 의미로 Fisherman's Wharf는 '어부들이 정박하는 부둣가'라는 뜻이다. 이곳에서는 매우 다양한 해산물 요리를 먹을 수 있으며, 우리에게 많이 알려진 음식은 사워도우(sourdough) 빵의 속을 파서 클램 차우더를 담은 Bread-Bowl with Clam Chowder이다.

Fisherman's Wharf 지역에서 가장 유명한 곳은 39번부두(Pier 39)로 가족 단위의 방문객들을 위한 위락시설과 백여 개가 넘는 쇼핑상점, 식당들이 있다.

 미리보기

 이번 랜드마크에서는 어떤 대화를 하는지 먼저 살펴볼까요?

⭐ 원어민의 음성을 들어보세요.

English_27.mp3

1
A: Which restaurant can you recommend around Fisherman's Wharf?
B: I'd like to recommend you Boudin restaurant.

2
A: What is the restaurant known for?
B: It is famous for Sourdough Bread-bowl with Clam Chowder.

3
A: Have you ever been to the restaurant?
B: Yes, I've been there several times.

1
A: Fisherman's Wharf 주변의 식당을 소개해 줄래?
B: Boudin 식당을 소개하고 싶어.

2
A: 그 식당은 뭐로 유명해?
B: Sourdough Bread-bowl with Clam Chowder로 유명해.

3
A: 가 본적 있어?
B: 여러 번 가봤어.

준비하기

오늘의 주요 단어입니다. 학습을 시작하기 전에 단어부터 살펴보아요.

- clam chowder 클램 차우더 (조개 스프)
- travel 여행하다
- museum 박물관
- visit 방문하다
- some 약간의
- birthday party 생일 파티
- bowl 그릇
- bread 빵
- invite 초대하다
- book 예약하다
- question 질문
- several times 몇 차례

실전여행

이정도 한마디는 랜드마크에서 꼭 해보아요. 패턴으로 완벽 암기하세요.

I'd like to ~. 나는 ~하고 싶습니다

- **I'd like to** ask you some questions.
  몇 가지 질문을 하고 싶습니다.

- **I'd like to** travel around the world.
  나는 세계여행을 하고 싶습니다.

- **I'd like to** visit a museum in Korea.
  나는 한국의 박물관을 방문하고 싶습니다.

- **I'd like to** invite you to my birthday party.
  당신을 내 생일 파티에 초대하고 싶습니다.

- **I'd like to** book a room.
  방을 하나 예약하고 싶습니다.

tip
'd like to는 would like to 줄임말로 '~하고 싶다'라는 의미이며 to 다음에 동사원형이 와야한다.

일지쓰기

➡ 랜드마크에서 대화한 내용을 떠올리며 빈칸을 채워보세요.

1

A: Which restaurant can you recommend _____ Fisherman's Wharf?

B: I'd like to recommend you Boudin restaurant.

A: Fisherman's Wharf 주변의 식당을 소개해 줄래?
B: Boudin 식당을 소개하고 싶어.

2

A: What is the restaurant known for?

B: It is famous for Sourdough Bread-bowl with _____ .

A: 그 식당은 뭐로 유명해?
B: Sourdough bread-bowl with Clam Chowder로 유명해.

3

A: Have you ever _____ to the restaurant?

B: Yes, I've been there several _____ .

A: 가 본적 있어?
B: 여러 번 가봤어.

정답

1 around
2 Clam Chowder
3 been, times

28 요세미티 국립공원(Yosemite National Park)

오늘 배울 표현은 ~와 같은

미국 캘리포니아주에 있는 국립공원이다. 샌프란시스코에서 자동차로 약 5시간 정도 걸리는 거리에 있으며 공원의 전체 면적은 3,081km²이다.
Yosemite는 이곳에 살던 곰을 의미한다고 하며, 1984년 유네스코 세계유산으로 지정되었다. 약 1백만년 전 빙하의 침식작용으로 화강암 절벽과 U자형의 계곡이 형성되었고 빙하가 녹기 시작하면서 300개가 넘는 호수, 폭포, 계곡 등이 만들어졌다.

미리보기

이번 랜드마크에서는 어떤 대화를 하는지 먼저 살펴볼까요?

★ 원어민의 음성을 들어보세요.

English_28.mp3

1

A: What is there to do in Yosemite National Park?
B: You can do many outdoor activities such as camping, hiking, and horseriding.

2

A: When is the best time of the year to visit Yosemite?
B: In my opinion, summer is the best time to visit.

3

A: How long does it take to drive from San Francisco to Yosemite National Park?
B: It takes about 5 hours.

1

A: Yosemite 국립공원에서 무엇을 할 수 있나요?
B: 캠핑, 하이킹, 승마 같은 많은 야외 활동을 할 수 있습니다.

2

A: 일년 중 언제 방문하는 것이 좋은가요?
B: 나는 여름이 좋다고 생각합니다.

3

A: 샌프란시스코에서 자동차로 얼마나 걸리나요?
B: 약 5시간 걸립니다.

준비하기

오늘의 주요 단어입니다. 학습을 시작하기 전에 단어부터 살펴보아요.

- outdoor activities 야외활동
- opinion 의견
- vitamin 비타민
- peach 복숭아
- delicious 맛있는
- electricity 전기
- welfare system 복지제도
- drive 운전하다
- such as ~와 같은
- service 공급시설
- essential 기본적인
- best 최고의

실전여행

이정도 한마디는 랜드마크에서 꼭 해보아요. 패턴으로 완벽 암기하세요.

such as ~ ~와 같은

- Some countries, such as Sweden, have a good welfare system.
  스웨덴과 같은 일부 나라들은 좋은 복지 시스템을 가지고 있습니다.

- We need essential services such as gas, and electricity.
  우리는 가스와 전기 같은 필수 시설들이 필요합니다.

- They gave us delicious fruits such as apples and bananas.
  그들은 우리에게 사과나 바나나 같은 맛있는 과일을 주었습니다.

- Peaches have many vitamins such as vitamin A, B, and C.
  복숭아에는 비타민 A, B, 그리고 C와 같은 비타민이 많이 들어있습니다.

- She loves animals such as cats and dogs.
  그녀는 고양이나 개와 같은 동물들을 사랑합니다.

tip

such as ~ 는 '예를 들어, ~와 같은'이라는 의미로 as 뒤에 명사가 한 개 이상 와서 앞의 말을 보충 설명해 준다.

일지쓰기

랜드마크에서 대화한 내용을 떠올리며 빈칸을 채워보세요.

1

A: What is there to do in Yosemite National Park?

B: You can do many _____ activities such as camping, _____, and horse-riding.

A: Yosemite 국립공원에서 무엇을 할 수 있나요?
B: 캠핑, 하이킹, 승마 같은 많은 야외 활동을 할 수 있습니다.

2

A: When is the best time of the year to visit Yosemite?

B: In my _____, summer is the _____ time to visit.

A: 일년 중 언제 방문하는 것이 좋은가요?
B: 나는 여름이 좋다고 생각합니다.

3

A: _____ long does it take to _____ from San Francisco to Yosemite National Park?

B: It takes about 5 hours.

A: 샌프란시스코에서 자동차로 얼마나 걸리나요?
B: 약 5시간 걸립니다.

정답

1. outdoor, hiking
2. opinion, best
3. How, drive

기억하기

다음 빈칸에 들어갈 내용을 떠올리며 앞서 다녀온 랜드마크를 다시 기억해보세요.

25. 샌프란시스코 케이블카(San Francisco Cable Cars)

I think (that) 주어 + 동사 ~   나는 ~라고 생각합니다

- **I think** you are _____.
  내 생각에는 당신이 틀린 것 같습니다.

- **I think** he looks very _____.
  그가 건강해 보입니다.

- **I think** you have to _____ more.
  당신은 더 연습해야 합니다.

- **I think** we'll have plenty of time.
  아직도 시간은 충분합니다.

- **I think** we _____ go home now.
  우리는 지금 집에 가야합니다.

정답
» wrong
» healthy
» practice
» should

26. 알카트라즈(Alcatraz)

They say (that) 주어 + 동사 ~   그들은 ~라고 말합니다

- **They say** that milk is good for health.
  우유가 건강에 좋다고 합니다.

- **They say** he is a doctor.
  그들은 그가 의사라고 말합니다.

- **They say** that it is very _____ in summer in Korea.
  한국의 여름은 매우 덥다고 합니다.

- **They say** that they don't go to school on Saturdays.
  그들은 토요일에 학교를 가지 않는다고 합니다.

- **They say** that Sam runs _____ than Jack.
  Sam은 Jack보다 빨리 달린다고 합니다.

정답
» hot
» faster

A: Why is your brother upset?
B: I think he broke up with his girlfriend.
A: Too bad.

A: 너의 동생이 왜 화가 났니?
B: 여자 친구와 헤어졌나봐.
A: 안됐구나!

Key Point

break up with ~와 헤어지다

upset 화가 난

A: What's the weather like in Korea?
B: They say that it is very hot during summer.
A: Is it cold in winter?
B: Yes, they say it's very cold from December to February.

A: 한국 날씨는 어때?
B: 여름이 매우 덥다고 해.
A: 겨울은 추워?
B: 12월에서 2월까지 매우 춥다고 해.

Key Point

What's the weather like in Korea? = How's the weather in Korea?

날씨, 시간 등을 표현할 때에는 비인칭주어 it을 사용한다.

예 It's hot today. It's ten o'clock.

기억하기

다음 빈칸에 들어갈 내용을 떠올리며
앞서 다녀온 랜드마크를 다시 기억해보세요.

27 피셔맨스 워프(Fisherman's Wharf)

I'd like to ~   나는 ~하고 싶습니다

- **I'd like to** ask you _____ questions.
  몇 가지 질문을 하고 싶습니다.

- **I'd like to** travel _____ the world.
  나는 세계여행을 하고 싶습니다.

- **I'd like to** _____ a museum in Korea.
  나는 한국의 박물관을 방문하고 싶습니다.

- **I'd like to** _____ you to my birthday party.
  당신을 내 생일 파티에 초대하고 싶습니다.

- **I'd like to** book a room.
  방을 하나 예약하고 싶습니다.

정답
» some
» around
» visit
» invite

28 요세미티 국립공원(Yosemite National Park)

such as ~   ~와 같은

- Some countries, **such as** Sweden, have a good welfare system.
  스웨덴과 같은 일부 나라들은 좋은 복지 시스템을 가지고 있습니다.

- We need essential _____ **such as** gas, and electricity.
  우리는 가스와 전기 같은 필수 시설들이 필요합니다.

- They gave us _____ fruits **such as** apples and bananas.
  그들은 우리에게 사과나 바나나 같은 맛있는 과일을 주었습니다.

- _____ have many vitamins **such as** vitamin A, B, and C.
  복숭아에는 비타민 A, B, 그리고 C와 같은 비타민이 많이 들어있습니다.

- She loves animals **such as** cats and dogs.
  그녀는 고양이나 개와 같은 동물들을 사랑합니다.

정답
» services
» delicious
» Peaches

A: How may I help you?

B: I'd like to book a room for three nights.

A: When are you going to stay?

B: From September 1st - 4th.

⭐ **Key Point**

book 예약하다 = make a reservation

for three nights 3박 동안

be going to 동사원형 ~할 예정이다.

A: 무엇을 도와드릴까요?
B: 방을 3일 동안 예약하려고요.
A: 언제 숙박하실 거죠?
B: 9월 1일부터 4일까지요.

A: What is there to do in Hong Kong?

B: You can do many things such as shopping and sightseeing.

A: Anything else?

B: You can also enjoy nice food.

⭐ **Key Point**

sightseeing 관광

Anything else? 또 뭐가있니?

A: 홍콩에서 뭘 할 수 있어?
B: 쇼핑과 관광 같이 많은 것들을 할 수 있어.
A: 또 뭐가 있어?
B: 맛있는 음식도 먹을 수 있어.

29. 명예의 거리 (Hollywood Walk of Fame)

오늘 배울 표현은 **그는 ~을 가지고 있습니까?**

미국 로스앤젤레스의 할리우드 대로(Hollywood Boulevard)와 바인 스트리트(Vine Street) 사이에 있는 유명인들의 이름이 별 모양으로 길바닥에 새겨진 거리를 말한다. 현재 2,500여 개의 유명인의 사인들이 약 2km 정도 펼쳐져있으며, 별 모양에 새겨진 그림에 따라 유명인들이 어떤 분야에서 일했는지 알 수 있다.

 영화배우    TV   음악    라디오   코미디언

미리보기

이번 랜드마크에서는 어떤 대화를 하는지 먼저 살펴볼까요?

⭐ 원어민의 음성을 들어보세요.

English_29.mp3

1

A: How many stars are on the Hollywood Walk of Fame?
B: There are about 2,500 stars.

2

A: What does the icon on each star mean?
B: It shows which entertainment industry that person came from.

3

A: Does Michael Jackson have a star on the Hollywood Walk of Fame?
B: Yes, he does.

1

A: Hollywood Walk of Fame에는 몇 개의 별이 있나요?
B: 약 2,500개의 별이 있습니다.

2

A: 각 별 위에 있는 icon은 무엇을 의미하나요?
B: 그것은 그 사람이 종사한 연예분야를 의미합니다.

3

A: Michael Jackson 별도 명예의 거리에 있나요?
B: 예, 있습니다.

준비하기

오늘의 주요 단어입니다. 학습을 시작하기 전에 단어부터 살펴보아요.

- fame 명성
- each 각각
- show 보여주다
- industry 산업
- record 전과기록
- close 가까운
- icon 아이콘
- entertainment 오락, 연예
- come from ~ 출신이다
- enough 충분한
- sister 언니, 누나
- relative 친척

실전여행

이정도 한마디는 랜드마크에서 꼭 해보아요. 패턴으로 완벽 암기하세요.

Does he/she have ~ ?
그는 ~을 가지고 있습니까?

- **Does he have** a girlfriend?
  그는 여자 친구가 있습니까?

- **Does she have** enough money to buy a car?
  그녀는 자동차를 살 충분한 돈이 있습니까?

- **Does he have** a sister?
  그는 누나가 있습니까?

- **Does he have** a record?
  그는 전과가 있습니까?

- **Does she have** any close relatives?
  그녀는 친한 친척들이 있습니까?

tip
'Does he have ~ ?'는 '그가 ~를 가지고 있니?' 라는 의미이며 have 다음에 명사가 온다.

일지쓰기

🔸 랜드마크에서 대화한 내용을 떠올리며 빈칸을 채워보세요.

1

A: How _____ stars are on the Hollywood Walk of Fame?

B: There are about 2,500 stars.

A: Hollywood Walk of Fame에는 몇 개의 별이 있나요?
B: 약 2,500개의 별이 있습니다.

2

A: What dose the _____ on each star mean?

B: It shows which _____ industry that person came from.

A: 각 별 위에 있는 icon은 무엇을 의미하나요?
B: 그것은 그 사람이 종사한 연예분야를 의미합니다.

3

A: Does Michael Jackson have a star on the Hollywood Walk of _____?

B: Yes, he does.

A: Michael Jackson 별도 명예의 거리에 있나요?
B: 예, 있습니다.

정답
① many
② icon, entertainment
③ Fame

30. 뉴욕 지하철 (New York City Subway)

오늘 배울 표현은 **얼마나 자주 ~?**

1904년에 개통되었으며, 세계에서 가장 오래되고 규모가 큰 대중교통 중 하나로, 468개의 역이 있다. 총 24개의 노선이 운행되고 있으며 뉴욕시는 전 세계 단일 도시 중 가장 많은 지하철노선을 가지고 있다. 노선은 엄청 많지만, 이 노선이 전부 단일 요금제로 무조건 2달러 50센트만 내면 한 정거장을 가든 이쪽 끝에서 저쪽 끝으로 가든 상관이 없다. 평일 평균 528만 4천여 명이 이용한다고 한다.

미리보기

이번 랜드마크에서는 어떤 대화를 하는지 먼저 살펴볼까요?

원어민의 음성을 들어보세요.

English_30.mp3

1
A: How many lines are there in the New York City Subway system?
B: There are 24 lines in total.

2
A: How much is the subway fare in New York City?
B: It is $2.50.

3
A: How often do you use the subway?
B: I go to work by subway every day.

1
A: 뉴욕 지하철에는 몇 개의 노선이 있나요?
B: 모두 24개의 노선이 있습니다.

2
A: 뉴욕 지하철 요금은 얼마인가요?
B: 2달러 50센트입니다.

3
A: 당신은 얼마나 자주 지하철을 이용하나요?
B: 매일 지하철을 이용하여 출근합니다.

준비하기

오늘의 주요 단어입니다. 학습을 시작하기 전에 단어부터 살펴보아요.

- subway 지하철
- fare 요금
- go to work 출근하다
- play golf 골프를 치다
- library 도서관
- exercise 운동하다
- shopping mall 쇼핑몰
- in total 합계
- how often 얼마나 자주
- by subway 지하철로
- taxi 택시
- how much 얼마나 많이
- line 노선

실전여행

이정도 한마디는 랜드마크에서 꼭 해보아요. 패턴으로 완벽 암기하세요.

How often do you ~ ? 얼마나 자주 ~?

- **How often do you play golf?**
  얼마나 자주 골프를 칩니까?

- **How often do you use a taxi?**
  택시를 얼마나 자주 이용합니까?

- **How often do you go to the library?**
  도서관에 얼마나 자주 갑니까?

- **How often do you go to the shopping mall?**
  쇼핑몰에는 얼마나 자주 갑니까?

- **How often do you exercise?**
  운동은 얼마나 자주 합니까?

tip

How often ~ ? 은 '몇 번[차례] ~?, 얼마만큼 자주 ~?' 등의 의미를 가지고 있으며, 횟수를 나타내는 대답이 와야 한다.

일지쓰기

➡ 랜드마크에서 대화한 내용을 떠올리며 빈칸을 채워보세요.

1

A: How many lines are there in the New York City Subway _____?

B: There are 24 lines _____.

A: 뉴욕 지하철에는 몇 개의 노선이 있나요?
B: 모두 24개의 노선이 있습니다.

2

A: How much is the subway _____ in New York City?

B: It is $2.50.

A: 뉴욕 지하철 요금은 얼마인가요?
B: 2달러 50센트입니다.

3

A: How _____ do you use the subway?

B: I go to work by subway _____.

A: 당신은 얼마나 자주 지하철을 이용하나요?
B: 매일 지하철을 이용하여 출근합니다.

정답

1 system, in total
2 fare
3 often, every day

31 구겐하임 미술관(Guggenheim Museum in New York)

🔖 오늘 배울 표현은 **거기에 ~가 있습니까?**

뉴욕의 센트럴 파크 동쪽에 있는 현대 미술관이며, 인상파와 후기인상파, 그리고 현대미술품을 전시한다. 1959년에 완공된 이 박물관은 달팽이처럼 건물 자체가 나선형으로 내려오게 되어있으며, 20세기의 중요한 건축물 중 하나로 꼽힌다. 철강왕 벤자민 구겐하임의 상속녀인 페기 구겐하임은 상속받은 막대한 유산으로 세계의 미술품들을 수집하고 유명한 미술가들을 후원하였다. 이 과정에서 페기 구겐하임은 많은 미술품을 갖게 되었고 그의 숙부인 솔로몬 구겐하임은 페기 구겐하임이 모아들인 미술품들을 전시할 미술관을 건립하게 되었다.

미리보기

 이번 랜드마크에서는 어떤 대화를 하는지 먼저 살펴볼까요?

⭐ 원어민의 음성을 들어보세요.

 English_31.mp3

1

A: Is photography permitted in the museum?
B: No, photography is not permitted.

2

A: Is there a place to eat in the museum?
B: Yes, there is a restaurant inside the museum.

3

A: Is the museum open every day?
B: No, from what I know, it is closed on Thursdays.

1

A: 미술관 안에서 사진 촬영이 가능한가요?
B: 아니요, 가능하지 않습니다.

2

A: 미술관에 먹을 곳이 있나요?
B: 예, 미술관 내부에 식당이 있습니다.

3

A: 미술관은 매일 열리나요?
B: 아니요, 제가 알기로는 목요일에 문을 닫습니다.

161

준비하기

오늘의 주요 단어입니다.
학습을 시작하기 전에
단어부터 살펴보아요.

- photography 사진
- museum 미술관
- from what I know 내가 알기에는
- do laundry 세탁하다
- wheelchair 휠체어
- place 장소
- permit 허락하다
- close 닫다
- park 주차하다
- rent 빌리다, 임대하다
- inside 내부에

실전여행

이정도 한마디는
랜드마크에서 꼭 해보아요.
패턴으로 완벽 암기하세요.

Is there a place ~ ? 거기에 ~가 있습니까?

- **Is there a place** good **place** to meet?

  만나기에 괜찮은 장소가 있습니까?

- **Is there a place** to park a car in the building?

  건물 안에 주차할 곳이 있습니까?

- **Is there a place** to do laundry here?

  이곳에 세탁할 곳이 있습니까?

- **Is there a place** to rent a wheelchair?

  휠체어를 빌릴 곳이 있습니까?

- **Is there a place** to rent a car in the town?

  마을에 자동차를 빌려주는 곳이 있습니까?

tip
a place 다음에 'to + 동사원형'이
와서 '~할 장소'를 나타낸다.

일지쓰기

➡️ 랜드마크에서 대화한 내용을 떠올리며 빈칸을 채워보세요.

1

A: Is photography _____ in the museum?

B: No, photography is not permitted.

A: 미술관 안에서 사진 촬영이 가능한가요?
B: 아니요, 가능하지 않습니다.

2

A: Is there a place to eat in the _____?

B: Yes, there is a restaurant _____ the museum.

A: 미술관에 먹을 곳이 있나요?
B: 예, 미술관 내부에 식당이 있습니다.

3

A: Is the museum _____ every day?

B: No, from what I know, it is closed on _____.

A: 미술관은 매일 열리나요?
B: 아니요, 제가 알기로는 목요일에 문을 닫습니다.

정답
1 permitted
2 museum, inside
3 open, Thursdays

32 코니아일랜드(Coney Island)

오늘 배울 표현은 **왜 ~입니까?**

미국 뉴욕 브루클린 남쪽에 있는 반도이다. 매년 7월 4일에는 핫도그 먹기 대회가 열리는 곳으로 유명하다. 지하철을 이용해서 갈 수 있으며, 이 지역에 놀이공원과 대서양을 접한 해변이 있어 관광객들이 많이 찾는다.

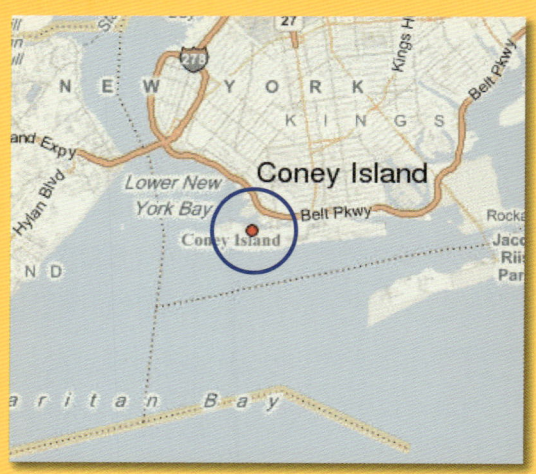

미리보기

 이번 랜드마크에서는 어떤 대화를 하는지 먼저 살펴볼까요?

원어민의 음성을 들어보세요.

English_32.mp3

1

A: What is Coney Island known for?

B: It is well known for its amusement parks and seaside resort.

2

A: Where is Coney Island located?

B: It is located in the southwestern part of Brooklyn.

3

A: Why is the hot dog eating contest held in Coney Island?

B: Because Coney Island is the birthplace of hot-dogs.

1

A: 코니아일랜드는 무엇으로 유명한가요?
B: 놀이공원과 해안 휴양지로 유명합니다.

2

A: 어디에 위치해 있나요?
B: 뉴욕시 브루클린 남서쪽에 있습니다.

3

A: 왜 핫도그 먹기 대회가 코니아일랜드에서 개최되나요?
B: 왜냐하면 코니아일랜드는 핫도그가 탄생한 지역이기 때문입니다.

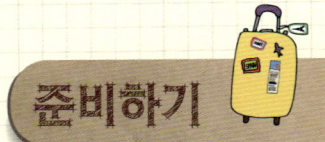

오늘의 주요 단어입니다. 학습을 시작하기 전에 단어부터 살펴보아요.

- island 섬
- seaside 해변 가
- southwestern 남서부의
- contest 콘테스트
- birthplace 탄생지
- fast food 패스트 푸드
- busy 바쁜
- amusement 재미, 오락, 놀이
- dark 어두운
- hot dog 핫도그
- hold 개최하다
- tired 피곤한
- popular 인기있는
- these days 요즈음

이정도 한마디는 랜드마크에서 꼭 해보아요. 패턴으로 완벽 암기하세요.

Why is ~ ? 왜 ~입니까?

- **Why is** he so tired?
  그는 왜 매우 피곤합니까?

- **Why is** fast food so popular?
  패스트푸드는 왜 그렇게 인기가 있습니까?

- **Why is** it so dark in here today?
  여기 오늘 왜 이렇게 어둡습니까?

- **Why is** Michael going to the library?
  Michael이 도서관에 가고 있는 이유는 무엇입니까?

- **Why is** Michelle so busy these days?
  Michelle이 왜 요즘 그렇게 바쁩니까?

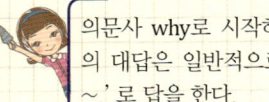

tip 의문사 why로 시작하는 의문문의 대답은 일반적으로 'Because ~.'로 답을 한다.

일지쓰기

랜드마크에서 대화한 내용을 떠올리며 빈칸을 채워보세요.

1

A: What is Coney Island known for?

B: It is well known for its _____ parks and _____ resort.

A: 코니아일랜드는 무엇으로 유명한가요?
B: 놀이공원과 해안 휴양지로 유명합니다.

2

A: Where is Coney Island _____?

B: It is located in the _____ part of Brooklyn.

A: 어디에 위치해 있나요?
B: 뉴욕시 브루클린 남서쪽에 있습니다.

3

A: Why is the hot dog eating contest _____ in Coney Island.

B: Because Coney Island is the _____ of hot-dogs.

A: 왜 핫도그 먹기 대회가 코니아일랜드에서 개최되나요?
B: 왜냐하면 코니아일랜드는 핫도그가 탄생한 지역이기 때문입니다.

정답
1. amusement, seaside
2. located, southwestern
3. held, birthplace

기억하기

다음 빈칸에 들어갈 내용을 떠올리며
앞서 다녀온 랜드마크를 다시 기억해보세요.

29 명예의 거리(Hollywood Walk of Fame)

Does he/she have ~ ? 그는 ~을 가지고 있습니까?

- **Does he have** a girlfriend?
  그는 여자 친구가 있습니까?

- **Does she have** _____ money to buy a car?
  그녀는 자동차를 살 충분한 돈이 있습니까?

- **Does he have** a _____?
  그는 누나가 있습니까?

- **Does he have** a _____?
  그는 전과가 있습니까?

- **Does she have** any close _____?
  그녀는 친한 친척들이 있습니까?

정답
» enough
» sister
» record
» relatives

30 뉴욕 지하철(New York City Subway)

How often do you ~ ? 얼마나 자주 ~?

- **How often do you** _____ golf?
  얼마나 자주 골프를 칩니까?

- **How often do you** _____ a taxi?
  택시를 얼마나 자주 이용합니까?

- **How often do you** go to the library?
  도서관에 얼마나 자주 갑니까?

- **How often do you** go to the shopping mall?
  쇼핑몰에는 얼마나 자주 갑니까?

- **How often do you** _____?
  운동은 얼마나 자주 합니까?

정답
» play
» use
» exercise

A: Does he have a girlfriend?
B: I don't think so. Why?
A: I saw him with a girl at the shopping mall.
B: I think she might be his sister, Cindy.

A: 그는 여자 친구가 있니?
B: 없을 걸. 왜 그러는데?
A: 그가 쇼핑몰에서 여자와 함께 있는 것을 보았어.
B: 아마 그의 여동생 Cindy 일거야.

Key Point

think so 그렇게 생각 한다.

might be 아마도

A: Is there a library near your house?
B: Yes, it's located in the center of the town.
A: How often do you go to the library?
B: Once a week.

A: 너의 집 근처에 도서관이 있니?
B: 그래, 마을 중앙에 있어.
A: 얼마나 자주 도서관에 가니?
B: 일주일에 한 번 가.

Key Point

in the center of the town 마을 중심부에

once a week 일주일에 한 번

cf. twice a week 일주일에 두 번

once a month 한달에 한 번

기억하기

다음 빈칸에 들어갈 내용을 떠올리며 앞서 다녀온 랜드마크를 다시 기억해보세요.

31. 구겐하임 미술관 (Guggenheim Museum in New York)

Is there a place ~ ? 거기에 ~가 있습니까?

- **Is there a good place** to meet?
  만나기에 괜찮은 장소가 있습니까?

- **Is there a place** to _____ a car in the building?
  건물 안에 주차할 곳이 있습니까?

- **Is there a place** to do _____ here?
  이곳에 세탁할 곳이 있습니까?

- **Is there a place** to rent a wheelchair?
  휠체어를 빌릴 곳이 있습니까?

- **Is there a place** to _____ a car in the town?
  마을에 자동차를 빌려주는 곳이 있습니까?

정답
» park
» laundry
» rent

32. 코니아일랜드 (Coney Island)

Why is ~ ? 왜 ~입니까?

- **Why is** he so _____?
  그는 왜 매우 피곤합니까?

- **Why is** fast food so _____?
  패스트푸드는 왜 그렇게 인기가 있습니까?

- **Why is** it so _____ in here today?
  여기 오늘 왜 이렇게 어둡습니까?

- **Why is** Michael going to the library?
  Michael이 도서관에 가고 있는 이유는 무엇입니까?

- **Why is** Michelle so busy _____?
  Michelle이 왜 요즘 그렇게 바쁩니까?

정답
» tired
» popular
» dark
» these days

A: Is there a place to park a car in the building?

B: Yes, the building has an underground parking lot.

A: Is it free?

B: No, it's two dollars per half hour.

⭐ **Key Point**

underground parking lot 지하 주차장

free 무료의

per half hour 30분당

A: 건물 안에 주차할 곳이 있나요?
B: 지하주차장이 있습니다.
A: 무료인가요?
B: 아니요. 30분당 2달러입니다.

A: Why is Michelle so busy these days?

B: I think she's preparing for the final exams.

A: When are the final exams?

B: It's next Tuesday.

⭐ **Key Point**

so 매우

these days 요즈음

prepare for ~을 준비하다

final exams 기말고사

A: Michelle이 왜 요즘 그렇게 바쁜가요?
B: 기말 고사 준비하는 것 때문에 바쁜거 같아요.
A: 기말고사가 언제인가요?
B: 다음 주 화요일이에요.

33

911 추모관(The National September 911 Memorial & Museum)

오늘 배울 표현은 **~하는 것이 무료입니까?**

2001년 9월 11일에 발생한 9.11테러의 희생자들을 추모하기 위해 쌍둥이 빌딩(World trade center)이 있던 자리에 건설되었다. 이 추모 공원에는 두 개의 폭포(North Pool과 South Pool)가 있으며 그사이에 Memorial Museum이 위치해 있다. 폭포 주위에는 이때 희생된 사람들의 이름이 동판 위에 새겨져 있다.

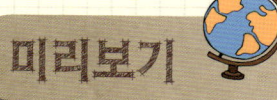

미리보기

이번 랜드마크에서는 어떤 대화를 하는지 먼저 살펴볼까요?

★ 원어민의 음성을 들어보세요.

English_33.mp3

1
A: How many people were killed by the September 11 attacks?
B: About 3,000 people were killed.

2
A: Is it free to visit the 9/11 Memorial?
B: Yes, it is free.

3
A: What is inscribed on the bronze panels surrounding the Memorial pools.
B: The names of the victims are inscribed on them.

1
A: 9.11 공격으로 얼마나 많은 사람들이 희생되었나요?
B: 약 3,000명의 사람들이 희생되었습니다.

2
A: 9/11 추모관 입장은 무료인가요?
B: 예, 무료입니다.

3
A: 폭포를 둘러싸고 있는 동판에는 무엇이 새겨져 있나요?
B: 테러로 인한 희생자들의 이름들이 새겨져 있습니다.

오늘의 주요 단어입니다.
학습을 시작하기 전에
단어부터 살펴보아요.

- memorial 기념비
- inscribe 새기다, 쓰다
- panel 패널, 판자
- victim 희생자
- member 구성원
- participate 참석하다
- become ~이 되다
- attack 공격, 공격하다
- bronze 동
- surrounding 주변의, 주위의
- borrow 빌리다
- enter 입장하다
- local calls 시내전화
- program 프로그램

이정도 한마디는
랜드마크에서 꼭 해보아요.
패턴으로 완벽 암기하세요.

Is it free to ~ ? ~하는 것이 무료입니까?

- **Is it free to borrow books?**
  책을 대여하는 것이 무료입니까?

- **Is it free to become a member?**
  회원가입이 무료입니까?

- **Is it free to enter the park?**
  공원입장이 무료입니까?

- **Is it free to participate in the program?**
  프로그램 참여가 무료입니까?

- **Is it free to make local calls from a hotel room phone?**
  호텔객실 전화로 시내 전화하는 것은 무료입니까?

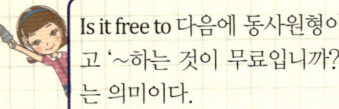

Is it free to 다음에 동사원형이 오고 '~하는 것이 무료입니까?' 라는 의미이다.

일지쓰기

➡ 랜드마크에서 대화한 내용을 떠올리며 빈칸을 채워보세요.

1

A: How many people were killed by the September 11 _____?

B: About 3,000 people were killed.

A: 9.11 공격으로 얼마나 많은 사람들이 희생되었나요?
B: 약 3,000명의 사람들이 희생되었습니다.

2

A: Is it free to visit the 9/11 _____?

B: Yes, it is _____.

A: 9/11 추모관 입장은 무료인가요?
B: 예, 무료입니다.

3

A: What is _____ on the bronze panels surrounding the Memorial pools.

B: The names of the _____ are inscribed on them.

A: 폭포를 둘러싸고 있는 동판에는 무엇이 새겨져 있나요?
B: 테러로 인한 희생자들의 이름들이 새겨져 있습니다.

정답

1. attacks
2. Memorial, free
3. inscribed, victims

34 러시모어 산(Mount Rushmore National Memorial)

🍂 오늘 배울 표현은 **어느 쪽이~입니까?**

미국 South Dakota에 있는 산으로, 미국의 네 명의 위대한 대통령을 조각한 조각상(러시모어 국립 기념공원, Mount Rushmore National Memorial)이 있는 곳으로 유명하다. 네 명의 대통령은 조지 워싱턴, 토머스 제퍼슨, 에이브러햄 링컨, 시어도어 루즈벨트이다. 러시모어 조각상은 무려 14년(1927년~1941년)이란 시간에 걸쳐 만들어졌으며, 조각가인 Gutzon Borglum와 그의 아들에 의해 조각되었다. 네 명의 대통령의 얼굴 크기는 18m 정도이며, 미국 사우스다코타주 Pennington County에 있다.

미리보기

이번 랜드마크에서는 어떤 대화를 하는지 먼저 살펴볼까요?

원어민의 음성을 들어보세요.

English_34.mp3

1
A: How long did it take to carve the faces of the U.S. presidents?
B: It took 14 years - from 1927 to 1941.

2
A: Besides Jefferson, Roosevelt and Lincoln, who is carved on the Mount Rushmore?
B: George Washington.

3
A: Which president was carved first?
B: George Washington.

1
A: 대통령 얼굴들을 조각하는데 얼마나 시간이 걸렸나요?
B: 1927년부터 1941년까지 14년 걸렸습니다.

2
A: 제퍼슨, 링컨, 루스벨트 외에 누가 조각되었나요?
B: 조지 워싱턴 대통령이 조각되어 있습니다.

3
A: 제일 먼저 조각된 대통령은 누구인가요?
B: 조지 워싱턴 대통령입니다.

준비하기

오늘의 주요 단어입니다. 학습을 시작하기 전에 단어부터 살펴보아요.

- carve 조각하다
- first 먼저, 처음으로
- cheaper 보다 저렴한
- maintain 유지하다
- which one 어느 것
- of the two 둘 중에서
- faster 보다 빠른
- young people 젊은 사람들
- which way 어느 길이
- besides ~외에, ~를 제외하고

실전여행

이정도 한마디는 랜드마크에서 꼭 해보아요. 패턴으로 완벽 암기하세요.

Which + 명사 + is ~ 어느 쪽이 ~입니까?

- **Which one is** the faster of the two?
  둘 중 어느 게 더 빠릅니까?

- **Which camera is** popular for young people?
  어느 카메라가 젊은이들에게 인기가 있습니까?

- **Which car is** cheaper to maintain?
  어느 자동차가 유지비가 쌉니까?

- **Which way is** the city hall, please?
  시청은 어느 쪽입니까?

- **Which bag is** yours?
  어느 가방이 당신 가방입니까?

tip
여기서 쓰인 which는 어떤 특정한 수의 사람·물건 중에서 '어느, 어느 쪽의'라는 의미를 가지고 있다.

일지쓰기

랜드마크에서 대화한 내용을 떠올리며 빈칸을 채워보세요.

1

A: How long did it take to _____ the faces of the U.S. presidents?

B: It took 14 years - from 1927 to 1941.

A: 대통령 얼굴들을 조각하는데 얼마나 시간이 걸렸나요?
B: 1927년부터 1941년까지 14년 걸렸습니다.

2

A: _____ Jefferson, Roosevelt and Lincoln, who is carved on the Mount Rushmore?

B: George Washington.

A: 제퍼슨, 링컨, 루스벨트 외에 누가 조각되었나요?
B: 조지 워싱턴 대통령이 조각되어 있습니다.

3

A: Which president was carved _____?

B: George Washington.

A: 제일 먼저 조각된 대통령은 누구인가요?
B: 조지 워싱턴 대통령입니다.

정답
1 carve
2 Besides
3 first

35 엘로운 스톤 국립공원(Yellow Stone National Park)

➡ 오늘 배울 표현은 **우리가 ~을 할 수 있습니까?**

미국 와이오밍, 몬태나, 아이다호주에 걸쳐 있는 미국 최대의 국립공원으로 간헐천, 폭포, 기암괴석 등이 산재하고 있으며, 다양한 야생동물이 살고 있다. 국립공원의 96%는 와이오밍주에 속해 있으며, 1872년 미국 최초의 국립공원으로 지정되었다. Yellow Stone National Park는 화산 폭발로 이루어진 화산 고원지대로 Yellow Stone이라는 명칭은 미네랄이 풍부한 온천수가 바위표면을 노랗게 만들었기 때문에 붙여진 이름이다.

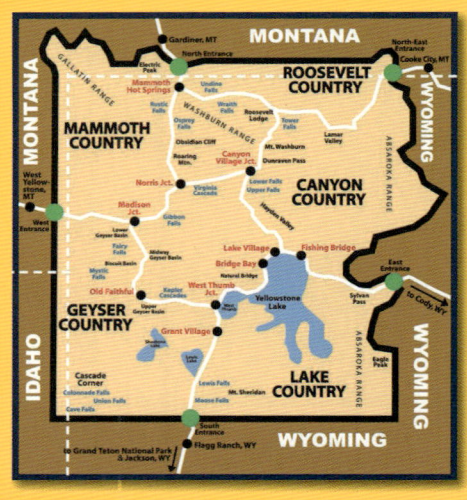

미리보기

이번 랜드마크에서는 어떤 대화를 하는지 먼저 살펴볼까요?

원어민의 음성을 들어보세요.

English_35.mp3

1

A: Is there an active volcano in Yellow Stone National Park?
B: Yes, there is.

2

A: What kinds of animals can we see in the park?
B: You can see many animals including bears, bison, moose, and whitetailed deer.

3

A: Can we touch the animals?
B: No, you can't.

1

A: Yellow Stone 국립공원에 활화산이 있나요?
B: 예, 활화산이 있습니다.

2

A: 어떤 동물들을 볼 수 있나요?
B: 곰, 들소, 무스, 흰꼬리 사슴을 포함해 많은 동물을 볼 수 있습니다.

3

A: 동물들을 만질 수 있나요?
B: 아니요, 만질 수 없습니다.

준비하기

오늘의 주요 단어입니다.
학습을 시작하기 전에
단어부터 살펴보아요.

- active volcano 활화산
- bison 들소
- deer 사슴
- for a while 잠시 동안
- before noon 12시 전에
- tail 꼬리
- include 포함하다
- moose 북미산 큰 사슴
- touch 만지다, 접촉하다
- by the window 창가에
- arrive 도착하다
- stay 머무르다

실전여행

이정도 한마디는
랜드마크에서 꼭 해보아요.
패턴으로 완벽 암기하세요.

Can we + 동사원형 ~?
우리가 ~을 할 수 있습니까?

- **Can we meet** at 11:00 a.m.?
  오전 11시에 만날 수 있습니까?

- **Can we stay** here for a while?
  잠시 동안 여기 머물 수 있습니까?

- **Can we have** a table by the window?
  창가 쪽 자리가 있습니까?

- **Can we arrive** there before noon?
  12시 전에 도착할 수 있습니까?

- **Can we go** there by car?
  자동차로 그곳을 갈 수 있습니까?

tip
Can we + 동사원형 ~?은 상대방에게 '허락'을 구하거나 '가능성'에 대해 궁금할 때 사용할 수 있다.

182

일지쓰기

랜드마크에서 대화한 내용을 떠올리며 빈칸을 채워보세요.

1

A: Is there an _____ volcano in Yellow Stone National Park?

B: Yes, there is.

A: Yellow Stone 국립공원에 활화산이 있나요?
B: 예, 활화산이 있습니다.

2

A: What kinds of _____ can we see in the park?

B: You can see many animals _____ bears, bison, moose, and white-tailed deer.

A: 어떤 동물들을 볼 수 있나요?
B: 곰, 들소, 무스, 흰꼬리 사슴을 포함해 많은 동물을 볼 수 있습니다.

3

A: Can we _____ the animals?

B: No, you _____.

A: 동물들을 만질 수 있나요?
B: 아니요, 만질 수 없습니다.

정답
1 active
2 animals, including
3 touch, can't

36 뉴 말나티 피자리아(Lou Malnati's Pizzeria)

오늘 배울 표현은 **나는 ~하고 싶습니다**

시카고에 있는 피자 전문점으로 시카고 식 피자로 유명하다. 시카고 스타일의 대표적인 피자 딥 디쉬를 맛볼 수 있는 곳으로 시카고 식 피자는 두께가 매우 두툼하며 속이 꽉 찬 스터프트 피자(stuffed pizza)의 형태이다. 현재 시카고 지역에 35개의 체인점이 영업 중이다. 시카고 식 피자는 케이크를 굽는 데 사용하는 것과 유사한 둥근 팬을 사용한다.

미리보기

이번 랜드마크에서는 어떤 대화를 하는지 먼저 살펴볼까요?

원어민의 음성을 들어보세요.

English_36.mp3

1
A: I feel like having pizza for lunch.
B: So do I.

2
A: What kind of pizza do you want?
B: I want Chicago style Pizza.

3
A: Is there any difference between Chicago Pizza and Italian Pizza?
B: Chicago Pizza is a very thick pizza that resembles a pie.

1
A: 점심으로 피자 먹고 싶어.
B: 나도.

2
A: 어떤 피자를 원하니?
B: 시카고 스타일 피자를 원해.

3
A: 시카고 피자와 이탈리아 피자의 차이점이 뭐니?
B: 시카고 피자는 파이처럼 두꺼워.

준비하기

오늘의 주요 단어입니다. 학습을 시작하기 전에 단어부터 살펴보아요.

- feel like ~하고 싶다
- style 스타일
- Italian 이탈리아의
- resemble 닮다
- tonight 오늘밤
- take a walk 산책하다
- want 원하다
- difference 차이, 다른 점
- thick 두꺼운
- pie 파이
- beer 맥주

실전여행

이정도 한마디는 랜드마크에서 꼭 해보아요. 패턴으로 완벽 암기하세요.

I feel like + ing ~. 나는 ~하고 싶습니다

- **I feel like playing** tennis tonight.
  나는 오늘밤 테니스를 치고 싶습니다.

- **I feel like drinking** beer now.
  지금 맥주를 마시고 싶습니다.

- **I feel like having** some ice cream.
  아이스크림이 먹고 싶습니다.

- **I don't feel like having** breakfast.
  아침 생각이 없습니다.

- **I don't feel like taking** a walk today.
  나는 오늘 산책을 하고 싶지 않습니다.

tip
'feel like + ing'은 '~하고 싶다'라는 의미로 feel like 다음에 동명사가 온다.

일지쓰기

> 랜드마크에서 대화한 내용을 떠올리며 빈칸을 채워보세요.

1

A: I _____ having pizza for lunch.

B: So do I.

A: 점심으로 피자 먹고 싶어.
B: 나도.

2

A: What kind of pizza do you want?

B: I want Chicago _____ Pizza.

A: 어떤 피자를 원하니?
B: 시카고스타일 피자를 원해.

3

A: Is there any _____ between Chicago Pizza and Italian Pizza?

B: Chicago Pizza is a very _____ pizza that resembles a _____.

A: 시카고 피자와 이탈리아 피자의 차이점이 뭐니?
B: 시카고 피자는 파이처럼 두꺼워.

정답

1 feel like
2 style
3 difference, thick, pie

기억하기

다음 빈칸에 들어갈 내용을 떠올리며
앞서 다녀온 랜드마크를 다시 기억해보세요.

33. 911 추모관(The National September 911 Memorial & Museum)

Is it free to ~ ?   ~하는 것이 무료입니까?

- **Is it free** to _____ books?
  책을 대여하는 것이 무료입니까?

- **Is it free** to become a member?
  회원가입이 무료입니까?

- **Is it free** to _____ the park?
  공원입장이 무료입니까?

- **Is it free** to _____ in the program?
  프로그램 참여가 무료입니까?

- **Is it free** to _____ local calls from a hotel room phone?
  호텔객실 전화로 시내 전화하는 것은 무료입니까?

정답
» borrow
» enter
» participate
» make

34. 러시모어 산(Mount Rushmore National Memorial)

Which + 명사 + is ~?   어느 쪽이~입니까?

- **Which one** is the faster of the _____?
  둘 중 어느 게 더 빠릅니까?

- **Which camera** is _____ for young people?
  어느 카메라가 젊은이들에게 인기가 있습니까?

- **Which car** is _____ to maintain?
  어느 자동차가 유지비가 쌉니까?

- **Which way** is the city hall, please?
  시청은 어느 쪽입니까?

- **Which bag** is _____?
  어느 가방이 당신 가방입니까?

정답
» two
» popular
» cheaper
» yours

A: Is it free to borrow books?

B: Yes, you can borrow up to three books.

A: What do I need to check out the books?

B: Please show me your ID.

A: 책을 무료로 대출하나요?
B: 세 권까지 무료입니다.
A: 대출하는데 뭐가 필요하나요?
B: 신분증 보여주세요.

⭐ **Key Point**

borrow 빌리다

up to ~까지

check out 대출하다

ID 신분증

A: I'm looking for a used car.

B: What about the cars over there?

A: Which car is the cheapest?

B: The blue one.

A: 중고차를 사려고 해요.
B: 저쪽에 있는 자동차들은 어떠세요?
A: 어느 것이 가장 싸죠?
B: 파란색 자동차가 가장 저렴합니다.

⭐ **Key Point**

look for ~을 찾다

used car 중고차

cheap 저렴한

The blue one.에서 one은 car를 의미하는 것이다.

기억하기

다음 빈칸에 들어갈 내용을 떠올리며
앞서 다녀온 랜드마크를 다시 기억해보세요.

35 옐로운 스톤 국립공원(Yellow Stone National Park)

Can we + 동사원형 ~?   우리가 ~을 할 수 있습니까?

- **Can we** meet _____ 11:00 a.m.?
  오전 11시에 만날 수 있습니까?

- **Can we** stay here for _____?
  잠시 동안 여기 머물 수 있습니까?

- **Can we** have a table _____ the window?
  창가 쪽 자리가 있습니까?

- **Can we** arrive there before _____?
  12시 전에 도착할 수 있습니까?

- **Can we** go there _____ car?
  자동차로 그곳을 갈 수 있습니까?

정답
» at
» a while
» by
» noon
» by

36 뉴 말나티 피자리아(Lou Malnati´s Pizzeria)

I feel like + ing ~ .   나는 ~하고 싶습니다

- **I feel like playing** tennis tonight?
  나는 오늘밤 테니스를 치고 싶습니다.

- **I feel like** _____ beer now.
  지금 맥주를 마시고 싶습니다.

- **I feel like having** some ice cream.
  아이스크림이 먹고 싶습니다.

- **I don't feel like** _____ breakfast.
  아침 생각이 없습니다.

- **I don't feel like** _____ a walk today.
  나는 오늘 산책을 하고 싶지 않습니다.

정답
» drinking
» having
» taking

A: How many people are in your party, sir?
B: We have four including a child. Can we have a table by the window?
A: Yes, please follow me, sir.
B: Thank you.

A: 일행이 모두 몇 명인가요?
B: 어린이 포함해서 네 명입니다. 창가 쪽 자리가 있을까요?
A: 예, 저를 따라 오세요.
B: 감사합니다.

Key Point

이 대화에서 party는 '단체, 일행'을 의미한다.

follow 따라가다

by the window 창가에

A: I don't feel like having breakfast.
B: What's wrong with you?
A: I have a headache.
B: You should stay in bed then.

A: 아침을 먹고픈 마음이 없어.
B: 어디 아프니?
A: 감기에 걸렸어.
B: 침대에 누워 있는 게 좋겠다.

Key Point

have a cold 감기 걸리다

should + 동사원형 ~하는 게 좋겠다

stay in bed 침대에 계속있다

37 하버드 대학교(Harvard University)

오늘 배울 표현은 **당신은 ~원합니까?**

미국의 아이비리그 대학의 하나로 오랜 역사를 지니고 있으며, 미국사회에서 큰 영향력을 발휘하고 있다. 하버드 대학교는 1636년에 설립되었으며, 처음에는 '새로운 대학'(New College) 또는 '새 도시 대학'(The college at New Town)으로 불렸으나, 1639년 3월 13일에 '하버드 칼리지'(Harvard College)라는 이름을 지었다. 젊은 청교도 성직자 존 하버드의 성을 따서 지은 것이다. 프랭클린 루즈벨트와 존 F. 케네디, 버락 오바마에 이르기까지 미국에서 가장 많은 8명의 대통령과 69명의 노벨상 수상자를 배출했다.

미리보기

이번 랜드마크에서는 어떤 대화를 하는지 먼저 살펴볼까요?

원어민의 음성을 들어보세요.

English_37.mp3

1
A: When was Harvard University established?
B: It was established in 1636.

2
A: Are there any U.S presidents from Harvard?
B: There have been eight U.S. presidents including Barack Obama.

3
A: What do you want to study at Harvard University?
B: I want to study history.

1
A: 하버드 대학교는 언제 설립되었나요?
B: 1636년 설립되었습니다.

2
A: 하버드 출신의 미국 대통령이 있나요?
B: 버락 오바마를 포함해 8명이 있습니다.

3
A: 당신은 하버드 대학교에서 무엇을 공부하고 싶나요?
B: 역사를 공부하고 싶습니다.

준비하기

오늘의 주요 단어입니다.
학습을 시작하기 전에
단어부터 살펴보아요.

- establish 설립하다
- history 역사
- about ~에 관해
- company 회사
- university 대학교
- from ~출신의
- future 미래
- beef 쇠고기
- know about ~에 대해 알다

실전여행

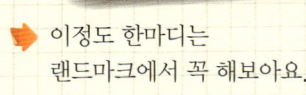

이정도 한마디는
랜드마크에서 꼭 해보아요.
패턴으로 완벽 암기하세요.

What do you want ~ ? 당신은 ~원합니까?

- **What do you want** to be in the future?
  당신은 장차 어떤 사람이 되고 싶습니까?

- **What do you want** to do tonight?
  오늘밤 뭐 하고 싶습니까?

- **What do you want,** beef or fish?
  쇠고기와 생선 중 어느 것을 드시겠습니까?

- **What do you want** to know about our company?
  우리 회사에 관하여 무엇이 알고 싶습니까?

- **What do you want** to have for lunch today?
  오늘 점심으로 뭘 원합니까?

tip
What do you want 다음에 'to + 동사원형'의 형태가 올 수 있으며 쓰임새가 다양하다

일지쓰기

➡️ 랜드마크에서 대화한 내용을 떠올리며 빈칸을 채워보세요.

1

A: When was Harvard University _____?

B: It was established _____ 1636.

A: 하버드 대학교는 언제 설립되었나요?
B: 1636년 설립되었습니다.

2

A: Are there any U.S. presidents _____ Harvard?

B: There have been eight U.S. presidents including Barack Obama.

A: 하버드 출신의 미국 대통령이 있나요?
B: 버락 오바마를 포함해 8명이 있습니다.

3

A: What do you want to _____ at Harvard University?

B: I want to study _____.

A: 당신은 하버드 대학교에서 무엇을 공부하고 싶나요?
B: 역사를 공부하고 싶습니다.

정답
1 established, in
2 from
3 study, history

38 뉴욕 공립 도서관(New York Public Library)

➡ 오늘 배울 표현은 **몇 시에 ~?**

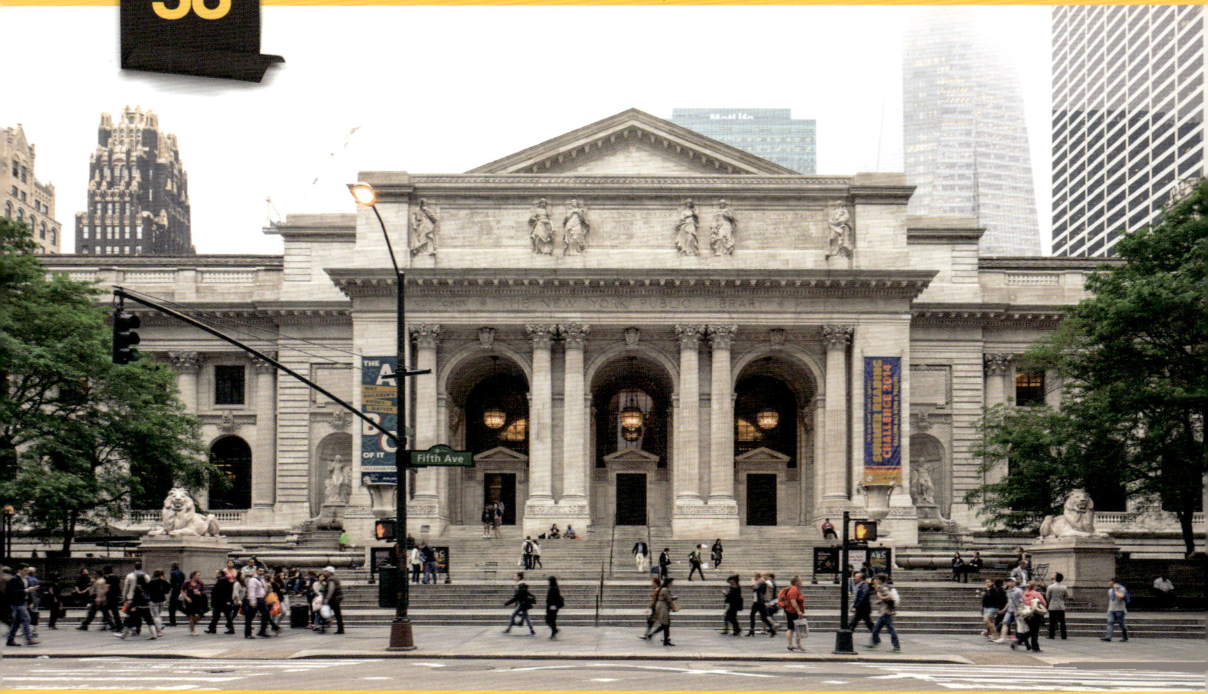

미국에서 두 번째로 큰 공립도서관으로 도서관 내에는 약 5,300만 점의 도서와 소장품들이 진열되어 있다. 도서관은 **5th Ave & 42nd St.**에 있으며, 하얀색 대리석으로 지어졌다. 도서관 정문에는 두마리의 사자가 지키고 있고, 좌측의 사자는 인내를, 우측에 있는 사자는 불굴의 정신을 의미한다. 입장료는 없으며 책을 대출하기 위해서는 도서카드를 만들어야 한다.

미리보기

이번 랜드마크에서는 어떤 대화를 하는지 먼저 살펴볼까요?

원어민의 음성을 들어보세요.

English_38.mp3

1

A: How often do you go to the New York Public Library?
B: I usually go there once a week.

2

A: What animal statue is at the entrance of the New York Public Library?
B: There are two lion statues at the entrance of the library.

3

A: What time does the library close on Saturdays?
B: It closes at 6:00p.m.

1

A: 뉴욕공립도서관에 얼마나 자주 가니?
B: 보통 일주일에 한 번 가.

2

A: 도서관 입구에 어떤 동물상이 있니?
B: 두 마리의 사자상이 있어.

3

A: 도서관은 토요일 몇 시에 문을 닫니?
B: 오후 6시에 문을 닫아.

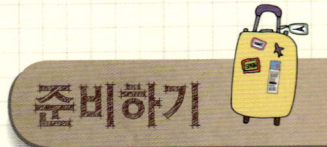

오늘의 주요 단어입니다.
학습을 시작하기 전에
단어부터 살펴보아요.

- usually 보통, 일반적으로
- entrance 입구
- arrive 도착하다
- meeting 회의
- next 다음의
- most 최고의, 최대의
- close 문을 닫다
- once a week 일주일에 한 번
- statue 조각상
- convenient 편리한
- public library 공립도서관
- show 영화, 쇼
- end 끝나다

이정도 한마디는
랜드마크에서 꼭 해보아요.
패턴으로 완벽 암기하세요.

What time ~ ? 몇 시에 ~?

- **What time** do you close today?
  오늘 몇 시에 문을 닫습니까?

- **What time** did you arrive at the airport?
  공항에 몇 시에 도착했습니까?

- **What time** is the most convenient for you?
  몇 시가 가장 편합니까?

- **What time** did the meeting end?
  회의가 언제 끝납니까?

- **What time** is the next show?
  다음 영화는 몇 시입니까?

tip
'What time + be 동사 [do] + 주어 ~ ?'의 형태로 What time 대신 When이 와도 된다.

일지쓰기

랜드마크에서 대화한 내용을 떠올리며 빈칸을 채워보세요.

1

A: How often do you go to the New York Public Library?

B: I _____ go there _____ a week.

A: 뉴욕공립도서관에 얼마나 자주 가니?
B: 보통 일주일에 한 번 가.

2

A: What animal _____ is at the entrance of the New York Public Library?

B: There are two lion statues at the entrance of the _____.

A: 도서관 입구에 어떤 동물상이 있니?
B: 두 마리의 사자상이 있어.

3

A: What time does the library _____ on Saturdays?

B: It closes _____ 6:00p.m.

A: 도서관은 토요일 몇 시에 문을 닫니?
B: 오후 6시에 문을 닫아.

정답

1 usually, once
2 statue, library
3 close, at

39 치즈케이크 팩토리(Cheesecake Factory)

👉 오늘 배울 표현은 **~가 필요합니까?**

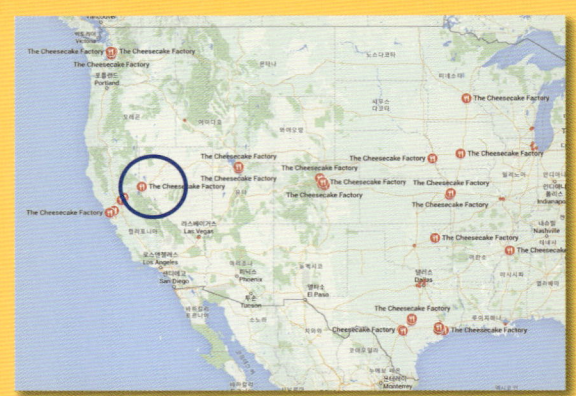

미국에 있는 치즈케이크를 전문으로 하는 식당으로 1972년 Los Angeles에 1호점을 열었고, 현재 미국에 170여 개의 체인점이 있다. 다양한 치즈케이크 이외에도 파스타, 피자, 샐러드 등 다양한 음식을 맛볼 수 있다.

미리보기

이번 랜드마크에서는 어떤 대화를 하는지 먼저 살펴볼까요?

원어민의 음성을 들어보세요.

English_39.mp3

1
A: What kind of dessert do you have?
B: We have ice cream, and cheesecake.

2
A: What do you want for dessert?
B: Cheesecake, please.

3
A: Do you need anything else?
B: Can you refill my coffee?

1
A: 후식으로 어떤 것이 있나요?
B: 아이스크림과 치즈케이크가 있습니다.

2
A: 후식으로 무엇을 원하세요?
B: 치즈케이크 주세요.

3
A: 다른 필요한 거 있으세요?
B: 커피 좀 리필해 주시겠어요?

준비하기

오늘의 주요 단어입니다. 학습을 시작하기 전에 단어부터 살펴보아요.

- dessert 후식, 디저트
- refill 다시 채우다, 리필
- business card 명함
- anything 어떤 것
- that 그것
- kind 종류
- cellular phone 휴대폰
- hand 도움
- market 시장
- with ~와 함께

실전여행

이정도 한마디는 랜드마크에서 꼭 해보아요. 패턴으로 완벽 암기하세요.

Do you need ~ ? ~가 필요합니까?

- **Do you need** a cellular phone?
  휴대폰이 필요합니까?

- **Do you need** my business card?
  제 명함이 필요합니까?

- **Do you need** a hand with your homework?
  숙제하는 데 도움이 필요합니까?

- **Do you need** anything from the market?
  시장에서 뭐 필요한 것이 있습니까?

- **Do you need** any help with that?
  그거 하는 데 도움이 필요합니까?

tip
need가 일반 동사로 쓰일 경우 '~을 필요로 하다; ~을 해야 하다' 등의 의미로 사용한다. need는 조동사로도 사용하며 이때 반드시 뒤에 동사원형이 와야 한다.

일지쓰기

랜드마크에서 대화한 내용을 떠올리며 빈칸을 채워보세요.

1

A: What kind of _____ do you have?

B: We have ice cream, and _____.

A: 후식으로 어떤 것이 있나요?
B: 아이스크림과 치즈케이크가 있습니다.

2

A: What do you want for dessert?

B: Cheesecake, _____.

A: 후식으로 무엇을 원하세요?
B: 치즈케이크 주세요.

3

A: Do you need _____ else?

B: Can you _____ my coffee?

A: 다른 필요한 거 있으세요?
B: 커피 좀 리필해 주시겠어요?

정답

1 dessert, cheesecake
2 please
3 anything, refill

40 버번 스트리트(Bourbon Street)

오늘 배울 표현은 **~로 유명합니다**

재즈의 탄생지로 뉴올리언스의 역사와 음악이 살아있는 곳이다. 프렌치쿼터 한복판에 있는 Bourbon Street은 재즈를 연주하는 많은 술집과 strip club 등으로 유명하다. 우리가 잘 아는 루이 암스트롱을 비롯해 많은 유명한 재즈 음악가들이 이곳 출신이다. 이곳은 또한 Jazz Bar뿐만 아니라 많은 음식점들이 있어 맛있는 남부 음식을 먹을 수 있다.

미리보기

이번 랜드마크에서는 어떤 대화를 하는지 먼저 살펴볼까요?

원어민의 음성을 들어보세요.

English_40.mp3

1

A: Where is Bourbon Street?
B: It is located in New Orleans.

2

A: What is New Orleans famous for?
B: New Orleans is famous for its cuisine, jazz and annual festivals.

3

A: Are there many jazz bars in New Orleans.
B: Yes, many jazz bars are located at Bourbon Street.

1

A: Bourbon Street은 어디에 있나요?
B: New Orleans에 있습니다.

2

A: New Orleans는 무엇으로 유명하나요?
B: 음식, 재즈, 매년 열리는 페스티발로 유명합니다.

3

A: New Orleans에는 재즈 바들이 많이 있나요?
B: 예, Bourbon Street에 많은 재즈 바들이 있습니다.

준비하기

오늘의 주요 단어입니다.
학습을 시작하기 전에
단어부터 살펴보아요.

- cuisine 요리
- annual 매년의, 연간의
- skyscraper 고층건물
- steak 스테이크
- classical music 고전음악
- jazz 재즈
- festival 축제
- scenery 경치
- play 연주하다
- painting 그림

실전여행

이정도 한마디는
랜드마크에서 꼭 해보아요.
패턴으로 완벽 암기하세요.

be famous for ~ ~로 유명합니다

- **New York is famous for its skyscrapers.**
  뉴욕은 고층건물로 유명합니다.

- **The town is famous for its beautiful scenery.**
  그 마을은 아름다운 풍경으로 유명합니다.

- **This restaurant is famous for its steak.**
  이 식당은 스테이크 요리로 유명합니다.

- **She is famous for playing classical music.**
  그녀는 클래식 음악 연주자로 유명합니다.

- **He is famous for his paintings.**
  그는 그의 그림으로 유명합니다.

tip
be famous for은 '~으로 유명하다'라는 뜻으로 'be known for'와 의미가 같다.

일지쓰기

랜드마크에서 대화한 내용을 떠올리며 빈칸을 채워보세요.

1

A: _____ is Bourbon Street?

B: It is located in New Orleans.

A: Bourbon Street은 어디에 있나요?
B: New Orleans에 있습니다.

2

A: What is New Orleans famous for?

B: New Orleans is famous for its _____, jazz and _____ festivals.

A: New Orleans는 무엇으로 유명하나요?
B: 음식, 재즈, 매년 열리는 페스티발로 유명합니다.

3

A: Are _____ many jazz bars in New Orleans.

B: Yes, _____ jazz bars are located at Bourbon Street.

A: New Orleans에는 재즈 바들이 많이 있나요?
B: 예, Bourbon Street에 많은 재즈 바들이 있습니다.

정답
1 Where
2 cuisine, annual
3 there, many

기억하기

다음 빈칸에 들어갈 내용을 떠올리며
앞서 다녀온 랜드마크를 다시 기억해보세요.

37

하버드 대학교(Harvard University)

What do you want ~ ?   당신은 ~원합니까?

- **What do you want** to be in the _____?
  당신은 장차 어떤 사람이 되고 싶습니까?

- **What do you want** to do tonight?
  오늘밤 뭐 하고 싶습니까?

- **What do you want,** _____ or fish?
  쇠고기와 생선 중 어느 것을 드시겠습니까?

- **What do you want** to know _____ our company?
  우리 회사에 관하여 무엇이 알고 싶습니까?

- **What do you want** to have for _____ today?
  오늘 점심으로 뭘 원합니까?

정답
» future
» beef
» about
» lunch

38

뉴욕 공립 도서관(New York Public Library)

What time ~ ?   몇 시에 ~?

- **What time** do you _____ today?
  오늘 몇 시에 문을 닫습니까?

- **What time** did you arrive _____ the airport?
  공항에 몇 시에 도착했습니까?

- **What time** is the most _____ for you?
  몇 시가 가장 편합니까?

- **What time** did the meeting _____?
  회의가 언제 끝납니까?

- **What time** is the _____ show?
  다음 영화는 몇 시입니까?

정답
» close
» at
» convenient
» end
» next

A: What do you want to be in the future?

B: I want to be a teacher. How about you?

A: I want to be a professional baseball player.

B: Wow, I wish you luck.

A: 장래에 뭐가 되고 싶어?
B: 선생님이 되고 싶어. 너는?
A: 나는 프로야구 선수가 되고 싶어.
B: 와우, 행운을 빌게.

Key Point

in the future 미래에

professional 전문적인

luck 행운

A: Can I see you at your office tommorrow?

B: Sure.

A: What time is convenient for you?

B: Any time after three is fine.

A: 내일 사무실에 방문해도 되나요?
B: 물론이죠.
A: 몇 시가 가장 편하신가요?
B: 3시 이후 아무 때나 좋아요.

Key Point

convenient 편리한

any time 언제든지

기억하기

다음 빈칸에 들어갈 내용을 떠올리며 앞서 다녀온 랜드마크를 다시 기억해보세요.

치즈케이크 팩토리(Cheesecake Factory)

Do you need ~ ?   ~가 필요합니까?

- **Do you need** a cellular phone?
  휴대폰이 필요합니까?

- **Do you need** my _____ card?
  제 명함이 필요합니까?

- **Do you need** a _____ with your homework?
  숙제하는 데 도움이 필요합니까?

- **Do you need** anything _____ the market?
  시장에서 뭐 필요한 것이 있습니까?

- **Do you need** any help with that?
  그거 하는 데 도움이 필요합니까?

정답
» business
» hand
» from

버번 스트리트(Bourbon Street)

be famous for ~   ~로 유명합니다

- New York **is famous for** its _____.
  뉴욕은 고층건물로 유명합니다.

- The town **is famous for** its beautiful _____.
  그 마을은 아름다운 풍경으로 유명합니다.

- This restaurant **is famous for** its steak.
  이 식당은 스테이크 요리로 유명합니다.

- She **is famous for** playing _____ music.
  그녀는 클래식 음악 연주자로 유명합니다.

- He **is famous for** his _____.
  그는 그의 그림으로 유명합니다.

정답
» skyscrapers
» scenery
» classical
» paintings

A: Do you need anything from the market?

B: Yes, could you buy me some fruits and vegetables?

A: No problem. Anything else?

B: No, thank you.

A: 시장에서 뭐 필요한 것 있어요?
B: 과일과 야채 좀 사다 줄래?
A: 예, 다른 필요한 것은 없어요?
B: 없어, 고마워.

Key Point

some은 가산 명사와 불가산 명사를 모두 수식한다.

fruits and vegetables
과일과 야채

A: What is this restaurant famous for?

B: This restaurant is famous for its steak.

A: Have you ever tried it before?

B: Yes, I have. I'm a regular customer.

A: 이 식당은 뭐로 유명해?
B: 스테이크로 유명해.
A: 전에 먹어 본 적 있어?
B: 응, 나 단골이야.

Key Point

Have you ever tried ~?
현재까지의 경험을 묻는 질문이다.

I have. 는 I have tried it before. 의 줄임말이다.

regular customer
단골손님

41. 후버 댐(Hoover Dam)

👉 오늘 배울 표현은 **무엇으로 만들어졌습니까?**

콜로라도 강에 있는 높이 221m, 길이 411m의 아치 댐이다. 이 댐이 완성되자 길이 185km의 인공호수 미드 호(LakeMead)가 생기게 됐다. 1931년 건설이 시작되어 1935년 완공되었다. 댐 건설에 들어간 시멘트량은 뉴욕에서 샌프란시스코까지 2차선 도로를 건설할 만큼 충분한 양의 콘크리트였다고 한다. 댐의 이름은 미국의 제31대 후버 대통령의 이름을 따서 후버 댐으로 불리게 되었다. 후버 댐 건설로 인해 생긴 미드 호는 국립 레크리에이션 지역으로 지정되어 있으며, 라스베이거스와는 48km 정도 떨어져 있다.

미리보기

 이번 랜드마크에서는 어떤 대화를 하는지 먼저 살펴볼까요?

원어민의 음성을 들어보세요.

English_41.mp3

1
A: On which river is the Hoover Dam constructed?
B: Colorado river.

2
A: What is the main purpose of the dam?
B: It was built to generate hydroelectricity.

3
A: What is the Hoover dam made out of?
B: It is made of concrete.

1
A: 어느 강 위에 후버 댐이 건설되었나요?
B: 콜로라도 강입니다.

2
A: 댐의 주 목적은 무엇인가요?
B: 수력전기를 생산하기 위해 건설되었습니다.

3
A: 댐은 무엇으로 만들어졌나요?
B: 콘크리트로 만들어졌습니다.

준비하기

오늘의 주요 단어입니다.
학습을 시작하기 전에
단어부터 살펴보아요.

- construct 건설하다
- main 주된
- generate 발생시키다
- build 건설하다
- be made of ~로 만들어진
- fence 울타리
- dam 댐
- purpose 목적
- hydroelectricity 수력발전
- concrete 콘크리트
- shirt 셔츠
- necklace 목걸이

실전여행

이 정도 한마디는
랜드마크에서 꼭 해보아요.
패턴으로 완벽 암기하세요.

What is ~ made of?
무엇으로 만들어졌습니까?

- **What is** this shirt **made of?**
  이 셔츠는 무엇으로 만들어졌습니까?

- **What is** that cake **made of?**
  저 케이크는 무엇으로 만들어졌습니까?

- **What is** that necklace **made of?**
  그 목걸이는 무엇으로 만들어졌습니까?

- **What is** the table **made of?**
  책상은 무엇으로 만들어졌습니까?

- **What is** the fence **made of?**
  울타리는 무엇으로 만들어졌습니까?

tip
be made of는 '~으로 만들어졌다'라는 의미이다. This is made of bricks. 이것은 벽돌로 만들어졌다.

일지쓰기

➡ 랜드마크에서 대화한 내용을 떠올리며 빈칸을 채워보세요.

1

A: On _____ river is the Hoover Dam _____?

B: Colorado river.

A: 어느 강 위에 후버 댐이 건설되었나요?
B: 콜로라도 강입니다.

2

A: What is the main _____ of the dam?

B: It was built to _____ hydroelectricity.

A: 댐의 주 목적은 무엇인가요?
B: 수력전기를 생산하기 위해 건설되었습니다.

3

A: What is the Hoover dam made out of?

B: It is made of _____.

A: 댐은 무엇으로 만들어졌나요?
B: 콘크리트로 만들어졌습니다.

정답
1 which, constructed
2 purpose, generate
3 concrete

펜웨이 파크(Fenway Park)

오늘 배울 표현은 ~하는 게 어떻습니까?

메이저 리그 야구의 아메리칸 리그 동부지구에 속하는 보스턴 레드삭스의 홈구장이다. 구장의 가장 큰 특징은 '녹색 괴물(The Green Monster)'이라 부르는 11m 높이의 초록색 벽으로, 왼쪽 구석에서부터 외야 가운데까지 이어져 있어 홈런을 치기 힘들다. 1912년 건설된 펜웨이 파크는 메이저리그에서 제일 오래된 경기장 중 하나이다.

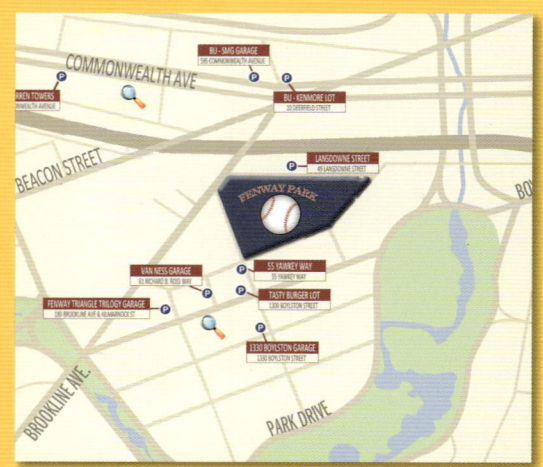

 **미리보기**

 이번 랜드마크에서는 어떤 대화를 하는지 먼저 살펴볼까요?

원어민의 음성을 들어보세요.

English_42.mp3

1
A: What's your favorite sport?
B: My favorite sport is baseball.

2
A: Which team do you support in the major league?
B: I'm a Boston Red Sox fan.

3
A: Why don't we go to the ballpark tonight?
B: That sounds good.

1
A: 좋아하는 스포츠는 무엇인가요?
B: 야구 좋아해요.

2
A: 메이저 리그에서 어느 팀을 응원하나요?
B: 저는 보스톤 레드 삭스 팬이에요.

3
A: 오늘밤 우리 야구장 가는 게 어때요?
B: 좋아요.

준비하기

오늘의 주요 단어입니다.
학습을 시작하기 전에
단어부터 살펴보아요.

- support 지지하다, 응원하다
- major league 메이저 리그
- ballpark 야구장
- go to the movies 영화를 보러 가다
- take a break 휴식하다
- river 강
- sound ~처럼 들리다
- team 팀
- fan 팬
- this afternoon 오늘 오후
- go out 나가다
- for ~동안, ~를 위해
- walk 산책

실전여행

이정도 한마디는
랜드마크에서 꼭 해보아요.
패턴으로 완벽 암기하세요.

Why don't we ~? ~하는 게 어떻습니까?

- **Why don't we** play baseball this afternoon?
  오늘 오후에 야구 하는 게 어떻습니까?

- **Why don't we** go to the movies?
  영화 보러 가는 게 어떻습니까?

- **Why don't we** go swimming in the river tomorrow?
  내일 강으로 수영하러 가는 게 어떻습니까?

- **Why don't we** go out for a walk?
  산책하는 게 어떻습니까?

- **Why don't we** take a break for five minutes?
  5분 동안 휴식하는 게 어떻습니까?

tip
Why don't we ~?은 상대방에게 권유를 할 때 사용하는 표현으로 'Let's ~. / How about ~ ?'등으로 바꿔 표현 할 수 있다.

일지쓰기

➡ 랜드마크에서 대화한 내용을 떠올리며 빈칸을 채워보세요.

1

A: What's your _____ sport?

B: My favorite sport is _____.

A: 좋아하는 스포츠는 무엇인가요?
B: 야구 좋아해요.

2

A: Which _____ do you _____ in the major league?

B: I'm a Boston Red Sox fan.

A: 메이저 리그에서 어느 팀을 응원하나요?
B: 저는 보스톤 레드 삭스 팬이에요.

3

A: Why don't we go to the ballpark _____?

B: That sounds good.

A: 오늘밤 우리 야구장 가는 게 어때요?
B: 좋아요.

정답
1 favorite, baseball
2 team, support
3 tonight

43 그리피스 천문대(Griffith Observatory)

👉 오늘 배울 표현은 ~ 있습니까?

로스앤젤레스 그리피스 공원에 있는 천문대로 밤하늘을 관측할 수 있다. LA 전경과 우리에게 친숙한 HOLLYWOOD 사인을 볼 수 있는 좋은 장소이기도 하다. Griffith Observatory는 James Dean이 주연한 "이유 없는 반항"의 촬영지로 사용되었으며 James Dean의 동상도 볼 수 있다. 이 천문대는 1896년 그리피스(Jenkins Griffith, 1850~1919)가 공원과 천문대를 짓기 위해 로스앤젤레스시에 땅을 기증했고, 1933년 건물이 세워졌다. 천문대의 입장료는 무료이며 낮보다는 밤에 방문하는 것을 추천한다.

미리보기

이번 랜드마크에서는 어떤 대화를 하는지 먼저 살펴볼까요?

⭐ 원어민의 음성을 들어보세요.

English_43.mp3

1

A: Do you have any places you can recommend for sightseeing in L.A.

B: How about going to Griffith Observatory.

2

A: What can I do there?

B: You can see the view of downtown Los Angeles and Hollywood Sign from there.

3

A: Is it open to the public at night?

B: Yes, it closes at 10 p.m.

1

A: LA에 관광으로 추천할 장소가 있나요?
B: 그리피스 천문대 가는 게 어떤가요?

2

A: 그곳에서 무엇을 할 수 있나요?
B: LA전경과 Hollywood Sign을 볼 수 있어요.

3

A: 밤에 일반인 출입이 가능한가요?
B: 네, 밤 10시에 문을 닫아요.

221

 **준비하기**

오늘의 주요 단어입니다.
학습을 시작하기 전에
단어부터 살펴보아요.

- sightseeing 관광
- view 경치
- sign 간판, 표지판
- available 이용가능 한
- plan 계획
- ocean view 바다 경치
- at night 밤에
- teach 가르치다
- downtown 시내
- brothers 형제
- experience 경험
- weekend 주말
- public 대중
- there 그곳에, 그곳

 **실전여행**

이정도 한마디는
랜드마크에서 꼭 해보아요.
패턴으로 완벽 암기하세요.

Do you have ~? ~있습니까?

- **Do you have** any plans this weekend?
  이번 주말에 계획이 있습니까?

- **Do you have** a room available?
  빈 방이 있습니까?

- **Do you have** any experience in teaching children?
  아이들을 가르쳐 본 경험이 있습니까?

- **Do you have** a room with an ocean view?
  바다가 보이는 방이 있습니까?

- **Do you have** any brothers or sisters?
  형제자매가 있습니까?

 **tip**
have 다음에는 목적어로 명사나 명사절이 온다.

일지쓰기

랜드마크에서 대화한 내용을 떠올리며 빈칸을 채워보세요.

1

A: Do you have any places you can recommend for _____ in LA.

B: How about going to Griffith Observatory.

A: LA에 관광으로 추천할 장소가 있나요?
B: 그리피스 천문대 가는 게 어떤가요?

2

A: What can I do _____?

B: You can see the view of downtown Los Angeles and Hollywood Sign _____ there.

A: 그곳에서 무엇을 할 수 있나요?
B: LA전경과 Hollywood Sign을 볼 수 있어요.

3

A: Is it open to the _____ at _____?

B: Yes, it closes at 10 p.m.

A: 밤에 일반인 출입이 가능한가요?
B: 네, 밤 10시에 문을 닫아요.

정답

1. sightseeing
2. there, from
3. public, night

44 푸드 트럭(Food Truck)

오늘 배울 표현은 ~합시다

말 그대로 음식을 파는 트럭을 의미하는 것으로 현재 미국에서는 많은 Food Truck들이 다양한 음식을 팔면서 점점 인기를 얻고 있다. LA나 New York 같은 대도시에서는 짧은 시간 내에 음식이 완성되는 장점 때문에 시간에 쫓기는 직장인들이 많이 이용한다. 레스토랑에서 먹는 것에 비해 비교적 양이 많고 저렴하다. 한국 음식을 미국 사람들의 기호에 맞게 변형해서 파는 푸드 트럭도 많아지고 있으며, 뉴욕에서 김치 타코를 판매하는 Food Truck은 매우 인기가 많다.

미리보기

 이번 랜드마크에서는 어떤 대화를 하는지 먼저 살펴볼까요?

⭐ 원어민의 음성을 들어보세요.

English_44.mp3

1
A: What do you want for lunch?
B: Let's eat Kimch Taco.

2
A: What is Kimch Taco?
B: It is a fusion of the Mexican taco combined with Korean food.

3
A: Where can we get it?
B: We can buy it at the food truck.

1
A: 너 점심 뭐 먹을래?
B: 우리 김치 타코 먹자.

2
A: 김치 타코가 뭐니?
B: 멕시코 음식 타코하고 한국 음식이 합쳐진 퓨전 음식이야.

3
A: 어디서 먹을 수 있는데?
B: 푸드트럭에서 살 수 있어.

225

준비하기

🔸 오늘의 주요 단어입니다. 학습을 시작하기 전에 단어부터 살펴보아요.

- fusion 퓨전, 혼합
- combine 결합하다
- taco 타코
- split 나누다
- gas station 주유소
- meet 만나다
- get ~을 얻다, 사다
- Mexican 멕시코의
- in front of ~ 앞에서
- bill 계산서
- for a while 잠시동안
- let's ~하자

실전여행

🔸 이정도 한마디는 랜드마크에서 꼭 해보아요. 패턴으로 완벽 암기하세요.

Let's ~. ~합시다

- **Let's** meet in front of the park at 6.
  공원 앞에서 6시에 만납시다.

- **Let's** split the bill.
  우리 나누어 계산하기로 합시다.

- **Let's** stop at the gas station.
  주유소에 잠시 들렀다 갑시다.

- **Let's** have a party for her.
  그녀를 위해 파티를 합시다.

- **Let's** wait for a while.
  좀 기다려 봅시다.

tip
let's 다음에는 동사원형이 오며, 상대방에게 제안이나 권유를 할 때 사용한다.

일지쓰기

➤ 랜드마크에서 대화한 내용을 떠올리며 빈칸을 채워보세요.

1

A: What do you want for _____ ?

B: _____ eat Kimch Taco.

A: 너 점심 뭐 먹을래?
B: 우리 김치 타코 먹자.

2

A: What is Kimch Taco?

B: It is a _____ of the Mexican taco combined with _____ food.

A: 김치 타코가 뭐니?
B: 멕시코 음식 타코하고 한국 음식이 합쳐진 퓨전 음식이야.

3

A: Where can we get it?

B: We can _____ it at the food truck.

A: 어디서 먹을 수 있는데?
B: 푸드트럭에서 살 수 있어.

정답
1 lunch, Let's
2 fusion, Korean
3 buy

기억하기

다음 빈칸에 들어갈 내용을 떠올리며 앞서 다녀온 랜드마크를 다시 기억해보세요.

후버 댐(Hoover Dam)

What is ~ made of? 무엇으로 만들어졌습니까?

- **What is** this shirt **made of?**
  이 셔츠는 무엇으로 만들어졌습니까?

- **What is** that cake **made of?**
  저 케이크는 무엇으로 만들어졌습니까?

- **What is** that _____ **made of?**
  그 목걸이는 무엇으로 만들어졌습니까?

- **What is** the table **made of?**
  책상은 무엇으로 만들어졌습니까?

- **What is** the _____ **made of?**
  울타리는 무엇으로 만들어졌습니까?

정답
» necklace
» fence

펜웨이 파크(Fenway Park)

Why don't we ~? ~하는 게 어떻습니까?

- **Why don't we** play baseball this afternoon?
  오늘 오후에 야구 하는 게 어떻습니까?

- **Why don't we** go to the movies?
  영화 보러 가는 게 어떻습니까?

- **Why don't we** _____ swimming in the river tomorrow?
  내일 강으로 수영하러 가는 게 어떻습니까?

- **Why don't we** go _____ for a walk?
  산책하는 게 어떻습니까?

- **Why don't we** take a _____ for five minutes?
  5분 동안 휴식하는 게 어떻습니까?

정답
» go
» out
» break

A: Would you show me the red shirt?

B: Here it is, sir.

A: What is this shirt made of?

B: It is made of wool.

A: 저 빨간 티셔츠를 보여 주시겠어요?
B: 여기 있습니다.
A: 이 셔츠는 무엇으로 만들어졌나요?
B: 모직으로 만들어졌습니다.

Key Point

'여기 있습니다.' 라는 뜻으로 Here it is[they are]. / Here you go. 등이 쓰일 수 있다.

A: Why don't we go to the movies tonight?

B: What movie do you want to see?

A: I'd like to see Taken 3.

B: OK, let's meet in front of the theater at 7.

A: 오늘밤 영화 보러 갈래?
B: 무슨 영화 보고 싶은데?
A: Taken 3 보고 싶어.
B: 그래, 7시에 극장 앞에서 만나자.

Key Point

in front of ~ 앞에

go to the movies/go to a movie 영화보러 가다

Let's meet in front of the theater at 7.

= What about meeting in front of the theater at 7?

= Why don't we meet in front of the theater at 7?

기억하기

다음 빈칸에 들어갈 내용을 떠올리며 앞서 다녀온 랜드마크를 다시 기억해보세요.

43 그리피스 천문대(Griffith Observatory)

Do you have ~ ?   ~ 있습니까?

- **Do you have** any _____ this weekend?
  이번 주말에 계획이 있습니까?

- **Do you have** a room _____ ?
  빈 방이 있습니까?

- **Do you have** any _____ in teaching children?
  아이들을 가르쳐 본 경험이 있습니까?

- **Do you have** a room with an _____ view?
  바다가 보이는 방이 있습니까?

- **Do you have** _____ brothers or sisters?
  형제자매가 있습니까?

정답
» plans
» available
» experience
» ocean
» any

44 푸드 트럭(Food Truck)

Let's ~ .   ~합시다

- **Let's** meet in front of the park at 6.
  공원 앞에서 6시에 만납시다.

- **Let's** _____ the bill.
  우리 나누어 계산하기로 합시다.

- **Let's** stop at the _____ .
  주유소에 잠시 들렀다 갑시다.

- **Let's** have a party for her.
  그녀를 위해 파티를 합시다.

- **Let's** _____ for a while.
  좀 기다려 봅시다.

정답
» split
» gas station
» wait

A: Do you have a room available tonight?
B: Yes, we have. What type of room do you want?
A: Do you have a room with an ocean view?
B: Let me check, please.

A: 오늘밤 묵을 방이 있나요?
B: 예. 어떤 방을 원하세요?
A: 바다가 보이는 방이 있나요?
B: 확인해 보겠습니다.

Key Point

available 이용가능 한
ocean view 바다경치

type of 다음에 오는 명사 앞에는 관사를 붙이지 않는다.

A: Do you have any plans tonight?
B: No, I don't.
A: How about going to the park after dinner?
B: Sounds great. Let's meet in front of the park at 8.

A: 오늘밤에 뭐하니?
B: 특별한 일 없어.
A: 저녁 식사 후 공원에 갈래?
B: 좋아, 8시에 공원 앞에서 만나자.

Key Point

after dinner 저녁 식사 후
in front of ~ 앞에

Let's meet in front of the park at 8.
= What about meeting in front of the park at 8.

45 디즈니랜드(Disneyland)

오늘 배울 표현은 ~ 하고 싶지만

미국 캘리포니아주 오렌지군 애너하임에 있는 테마파크로 1955년 7월 문을 열었다. 공원은 일정 구역으로 나뉘어 있는데, 중앙 광장에서 사방으로 연결된 길을 통해 네 가지 주요 구획으로 이동할 수 있다. 한 구역에 진입하면, 관광객은 완벽하게 그 공간에만 있게 되고 다른 구역을 보거나 들을 수가 없다. 1971년 플로리다주 올랜도에 디즈니랜드의 100배가 넘는 넓은 부지에 월트디즈니 월드를 개설했으며, 연간 1,400만 명 이상의 관광객이 디즈니랜드를 방문한다.

미리보기

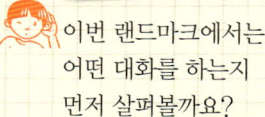
이번 랜드마크에서는 어떤 대화를 하는지 먼저 살펴볼까요?

⭐ 원어민의 음성을 들어보세요.

English_45.mp3

1

A: What about going to Disneyland today?
B: I'd love to, but I'm busy today.

2

A: How about tomorrow?
B: OK, I'm free tomorrow.

3

A: I'll pick you up at 10.
B: 10 o'clock is a bit early. How about 11?

1

A: 오늘 디즈니랜드 가는 거 어때?
B: 가고 싶지만 오늘 내가 좀 바빠.

2

A: 내일은 어때?
B: 좋아, 내일은 한가해.

3

A: 내가 내일 10시에 너를 데리러 갈게.
B: 10시 너무 빨라, 11시 어때?

233

준비하기

오늘의 주요 단어입니다. 학습을 시작하기 전에 단어부터 살펴보아요.

- busy 바쁜
- wash dishes 설거지 하다
- work 일하다
- tired 피곤한
- a bit early 약간 이른
- pick up 데리러 가다
- another 또 다른
- appointment 약속
- feel 느끼다
- free 한가한

실전여행

이정도 한마디는 랜드마크에서 꼭 해보아요. 패턴으로 완벽 암기하세요.

I'd love to, but ~   ~ 하고 싶지만

- **I'd love to, but** I feel too tired now.
  하고는 싶지만, 나는 지금 너무 피곤합니다.

- **I'd love to, but** I have another appointment.
  그러고 싶지만, 선약이 있습니다.

- **I'd love to,** but I should go now.
  저도 그러고 싶지만, 지금 가야만 합니다.

- **I'd love to, but** I have to wash dishes now.
  그러고 싶지만, 지금 설거지를 해야 합니다.

- **I'd love to, but** I have to work tomorrow.
  그러고 싶지만, 내일 일을 해야 합니다.

tip
'I'd love to, but ~'은 '상대방의 제안을 거절할 때' 사용하는 표현으로 but 다음에 거절의 이유가 나와야 한다.

일지쓰기

➡ 랜드마크에서 대화한 내용을 떠올리며 빈칸을 채워보세요.

1

A: _____ about going to Disneyland today?

B: I'd love to, but I'm _____ today.

A: 오늘 디즈니랜드 가는 거 어때?
B: 가고 싶지만 오늘 내가 좀 바빠.

2

A: How _____ tomorrow?

B: OK, I'm _____ tomorrow.

A: 내일은 어때?
B: 좋아, 내일은 한가해.

3

A: I'll _____ you _____ at 10.

B: 10 o'clock is a bit _____. How about 11?

A: 내가 내일 10시에 너를 데리러 갈게.
B: 10시 너무 빨라, 11시 어때?

정답

1 What, busy
2 about, free
3 pick, up, early

46 식스플래그스 매직마운틴(Six Flags Magic Mountain)

오늘 배울 표현은 **~가 무엇입니까?**

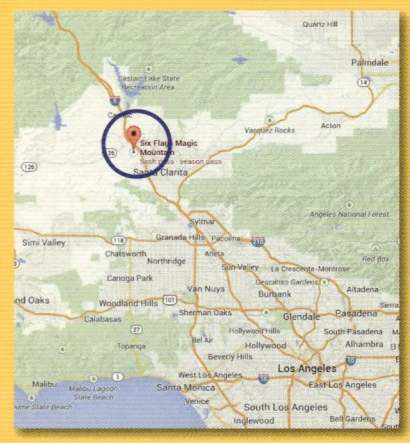

미국 캘리포니아주 Valencia에 있는 놀이공원으로 로스앤젤레스 북쪽에 있으며 자동차로 1시간가량 소요된다. Six Flag Magic Mountain는 스릴 넘치는 놀이기구가 많은 것으로 유명하며 세계 10위권 안에 있는 롤러코스터 중 두 개가 이곳에 있다고 한다. 이곳에 있는 18개의 롤러코스터와 워터 라이드가 관광객에게 인기가 높으며, Colossus라고 불리는 세계 최대의 목제 롤러코스터도 탈 수 있다. 식스플래그는 계절에 따라 평일에는 오픈을 안 하고 주말에만 오픈하기도 한다.

 미리보기

이번 랜드마크에서는 어떤 대화를 하는지 먼저 살펴볼까요?

원어민의 음성을 들어보세요.

English_46.mp3

1

A: How many roller coasters does Six Flags Magic Mountain have?
B: It has 18 roller coasters.

2

A: What are the height requirements for the roller coasters?
B: The height requirements vary for each roller coaster.

3

A: Are there rides for small children to enjoy?
B: Yes, there are rides for kids.

1

A: Six Flags Magic Mountain에는 롤러 코스터가 몇 개 있나요?
B: 18개 있습니다.

2

A: 롤러코스터 타는데 키 제한은 얼마인가요?
B: 롤러코스터에 따라 다릅니다.

3

A: 아이들이 탈만한 것이 있나요?
B: 네, 아이들을 위한 놀이기구가 있습니다.

준비하기

오늘의 주요 단어입니다. 학습을 시작하기 전에 단어부터 살펴보아요.

- roller coaster 롤러코스터
- requirement 요구조건
- talk about ~대해 얘기하다
- vary 다양하다
- flag 깃발
- height 신장, 키
- vacation 휴가
- look for ~을 찾다
- for ~동안
- magic 마술

실전여행

이정도 한마디는 랜드마크에서 꼭 해보아요. 패턴으로 완벽 암기하세요.

What are ~ ? ~가 무엇입니까?

- **What are** your plans for this summer vacation?
  이번 여름휴가에 뭘 할 계획입니까?

- **What are** they talking about?
  그들은 무엇에 관해 말하고 있습니까?

- **What are** you looking for, sir?
  무엇을 찾고 있습니까?

- **What are** you going to do after dinner?
  저녁 식사 후에 뭘 할 겁니까?

- **What are** friends for?
  친구 좋다는 게 뭐겠습니까?

tip
what은 '무엇, 어떤 것'등의 의미를 가지고 있으며 What are 다음에는 복수 명사나 you, they, we 등이 온다.

일지쓰기

랜드마크에서 대화한 내용을 떠올리며 빈칸을 채워보세요.

1

A: How many _____ does Six Flags Magic Mountain have?

B: It has 18 roller coasters.

A: Six Flags Magic Mountain에는 롤러 코스터가 몇 개 있나요?
B: 18개 있습니다.

2

A: What are the height _____ for the roller coasters?

B: The height requirements _____ for each roller coaster.

A: 롤러코스터 타는데 키 제한은 얼마인가요?
B: 롤러코스터에 따라 다릅니다.

3

A: Are there _____ for small children to enjoy?

B: Yes, there are rides _____ kids.

A: 아이들이 탈만한 것이 있나요?
B: 네, 아이들을 위한 놀이기구가 있습니다.

정답
1 roller coasters
2 requirements, vary
3 rides, for

47 마리나시티(Marina City)

오늘 배울 표현은 ~같이 보입니까?

시카고에 있는 옥수수 모양을 한 원통형 빌딩으로 1964년 건설되었다. 옥수수 모양 때문에 Corn cobs(옥수수 속대)라고도 불린다. 이 65층의 쌍둥이 빌딩은 건물 높이가 179m이며, 1층부터 19층까지는 주차장이고, 20층부터 아파트, 사무실, 극장, 쇼핑센터 등이 갖추어져 있다. 1964년 건물이 완공되었을 때 세계에서 가장 높은 주거용 건물이었다.

미리보기

이번 랜드마크에서는 어떤 대화를 하는지 먼저 살펴볼까요?

원어민의 음성을 들어보세요.

English_47.mp3

1

A: What does the Marina City Complex look like?
B: It looks like a corn.

2

A: Where is the Marina City Complex located?
B: It sits on the Chicago River in downtown Chicago.

3

A: What does the complex contain?
B: It contains apartments, parking garages and a boat marina.

1

A: Marina City Complex는 어떤 모양인가요?
B: 옥수수 모양입니다.

2

A: Marina City Complex는 어디에 위치해 있나요?
B: 시카고 도심의 시카고 강변에 위치해 있습니다.

3

A: Marina City Complex에는 어떤 것이 있나요?
B: 아파트, 주차장, 보트 정박지가 있습니다.

준비하기

오늘의 주요 단어입니다. 학습을 시작하기 전에 단어부터 살펴보아요.

- look like ~처럼 보이다
- corn 옥수수
- complex 복합단지
- parking garage 주차장
- not at all 전혀 ~이 아니다
- marina 정박지
- kid 어린이
- contain 포함하다
- criminal 범죄자
- downtown 시내

실전여행

이정도 한마디는 랜드마크에서 꼭 해보아요. 패턴으로 완벽 암기하세요.

look(s) like ~? ~같이 보입니까?

- **What does your dog look like?**
  당신의 강아지는 어떻게 생겼습니까?

- **Do I look like a doctor?**
  내가 의사처럼 보입니까?

- **People say he looks like you.**
  사람들은 그가 당신을 닮았다고 합니다.

- **You don't look like a criminal to me.**
  당신은 범죄자처럼 보이지 않습니다.

- **They don't look like me at all.**
  그들은 전혀 나와 닮지 않았습니다.

tip
look like은 '~인 것처럼 보이다'라는 의미로 like 다음에 명사나 문장(절)이 온다.
You look like you've lost some weight. (살이 좀 빠진 것 같네요.)

일지쓰기

랜드마크에서 대화한 내용을 떠올리며 빈칸을 채워보세요.

1

A: What dose the Marina City Complex _____?

B: It looks like a corn.

A: Marina City Complex는 어떤 모양인가요?
B: 옥수수 모양입니다.

2

A: _____ is the Marina City Complex located.

B: It _____ on the Chicago River in downtown Chicago.

A: Marina City Complex는 어디에 위치해 있나요?
B: 시카고 도심의 시카고 강변에 위치해 있습니다.

3

A: What dose the complex _____?

B: It contains apartments, _____ and a boat marina.

A: Marina City Complex에는 어떤 것이 있나요?
B: 아파트, 주차장, 보트 정박지가 있습니다.

정답

1 look like
2 Where, sits
3 contain, parking garages

48 클라우드 게이트(Cloud Gate)

오늘 배울 표현은 **누가 ~?**

미국 시카고 밀레니엄 공원에 있는 조형물로 스테인레스 스틸로 만들어졌다. 이 조형물은 Anish Kapoor라는 영국태생의 인도인 조각가가 만들었으며, 콩 모양과 닮았다고 해서 The Bean이라고 불린다. 168개의 철판을 용접했으며, 크기는 세로 10m, 가로 12m이다. 방문객들은 이 조형물 아래로 지나다닐 수 있으며, 조형물 표면에 주변 건물들과 방문객들의 모습들이 투영되어 재미있는 경험을 할 수 있다. 현재 Cloud Gate는 시카고에서 가장 인기 있는 조형물 중 하나이다.

미리보기

이번 랜드마크에서는 어떤 대화를 하는지 먼저 살펴볼까요?

원어민의 음성을 들어보세요.

English_48.mp3

1
A: What is the Cloud Gate in Chicago made of?
B: It is made of stainless steel.

2
A: Why is the Cloud Gate nicknamed "The Bean"?
B: Because it is shaped like a bean.

3
A: Who designed the Cloud Gate?
B: A British artist Anish Kapoor designed it.

1
A: Cloud Gate는 무엇으로 만들어졌나요?
B: 스테인레스 스틸로 만들어졌습니다.

2
A: 왜 Cloud Gate는 The Bean으로 불리나요?
B: 콩 모양과 비슷하기 때문입니다.

3
A: 누가 디자인했나요?
B: 영국인 예술가 Anish Kapoor이 디자인했습니다.

준비하기

오늘의 주요 단어입니다.
학습을 시작하기 전에
단어부터 살펴보아요.

- stainless 얼룩지지 않는
- bean 콩
- design 디자인 하다
- attend 참석하다
- in charge of ~를 책임지다
- about ~에 관해
- wear 입다, 쓰다
- nickname 별명, 별명을 붙이다
- artist 예술가
- British 영국인의
- department 부서
- steel 철
- project 프로젝트

실전여행

이 정도 한마디는
랜드마크에서 꼭 해보아요.
패턴으로 완벽 암기하세요.

Who ~ ? 누가 ~?

- **Who** will be attending the meeting?
  누가 회의에 참석할 겁니까?

- **Who** is the woman with your mom?
  당신의 엄마와 같이 있는 여자는 누구입니까?

- **Who** is in charge of this department?
  이 부서의 책임자는 누구입니까?

- **Who** is that woman wearing sunglasses?
  선글라스를 쓴 여자는 누구입니까?

- **Who** do I have to talk to about the project?
  그 프로젝트에 관해 누구와 얘기해야 합니까?

tip
who로 시작하는 의문문을 만들 때에는 who 다음에 be동사나 조동사가 와야 한다.
who는 whom대신 사용하기도 한다. Whom [who] do you like the most? (누구를 가장 좋아하니?)

일지쓰기

랜드마크에서 대화한 내용을 떠올리며 빈칸을 채워보세요.

1

A: What is the Cloud Gate in Chicago _____?

B: It is made of stainless steel.

A: Cloud Gate는 무엇으로 만들어졌나요?
B: 스테인레스 스틸로 만들어졌습니다.

2

A: Why is the Cloud Gate nicknamed "The Bean"?

B: Because it is _____ a bean.

A: 왜 Cloud Gate는 The Bean으로 불리나요?
B: 콩 모양과 비슷하기 때문입니다.

3

A: _____ designed the Cloud Gate?

B: A British artist Anish Kapoor designed it.

A: 누가 디자인했나요?
B: 영국인 예술가 Anish Kapoor이 디자인했습니다.

정답
1 made of
2 shaped like
3 Who

기억하기

다음 빈칸에 들어갈 내용을 떠올리며 앞서 다녀온 랜드마크를 다시 기억해보세요.

45

디즈니랜드(Disneyland)
I'd love to, but ~　**~ 하고 싶지만**

- **I'd love to, but** I ＿＿＿＿＿＿ too tired now.
  하고는 싶지만, 나는 지금 너무 피곤합니다.

- **I'd love to, but** I ＿＿＿＿＿＿ another appointment.
  그러고 싶지만, 선약이 있습니다.

- **I'd love to, but** I should go now.
  저도 그러고 싶지만, 지금 가야만 합니다.

- **I'd love to, but** I have to ＿＿＿＿＿＿ dishes now.
  그러고 싶지만, 지금 설거지를 해야 합니다.

- **I'd love to, but** I have to work tomorrow.
  그러고 싶지만, 내일 일을 해야 합니다.

정답
» feel
» have
» wash

46

식스플래그스 매직마운틴(Six Flags Magic Mountain)
What are ~ ?　**~가 무엇입니까?**

- **What are** your plans for this summer vacation?
  이번 여름휴가에 뭘 할 계획입니까?

- **What are** they talking ＿＿＿＿＿＿?
  그들은 무엇에 관해 말하고 있습니까?

- **What are** you looking ＿＿＿＿＿＿, sir?
  무엇을 찾고 있습니까?

- **What are** you going to ＿＿＿＿＿＿ after dinner?
  저녁 식사 후에 뭘 할 겁니까?

- **What are** friends ＿＿＿＿＿＿?
  친구 좋다는 게 뭐겠습니까?

정답
» about
» for
» do
» for

A: Why don't we go shopping today?
B: I'd love to, but I have other plans.
A: How about tomorrow?
B: I have nothing special tomorrow.

A: 오늘 쇼핑하는 거 어때?
B: 그러고 싶지만, 다른 계획이 있어.
A: 내일은 어때?
B: 내일은 특별한 일 없어.

Key Point

go shopping 쇼핑하러 가다

have other plans
다른 약속이 있다

nothing 아무것도

special 특별한

A: What are you looking for, sir?
B: I'm looking for a camera.
A: What kind of camera are you looking for?
B: I'm looking for a digital camera.

A: 무엇을 찾고 계신가요?
B: 카메라를 찾고 있어요.
A: 어떤 카메라를 원하시나요?
B: 디지털 카메라를 원해요.

Key Point

What are you looking for, sir? 대신 May I help you, sir?라고 해도 된다.

digital camera
디지털 카메라

기억하기

다음 빈칸에 들어갈 내용을 떠올리며 앞서 다녀온 랜드마크를 다시 기억해보세요.

47. 마리나시티(Marina City)

look like ~   ~같이 보입니까?

- _____ does your dog look like?
  당신의 강아지는 어떻게 생겼습니까?

- _____ I look like a doctor?
  내가 의사처럼 보입니까?

- People say he looks like you.
  사람들은 그가 당신을 닮았다고 합니다.

- You don't look like a _____ to me.
  당신은 범죄자처럼 보이지 않습니다.

- They don't look like me _____ .
  그들은 전혀 나와 닮지 않았습니다.

정답
» What
» Do
» criminal
» at all

48. 클라우드 게이트(Cloud Gate)

Who ~ ?   누가 ~?

- Who will be _____ the meeting?
  누가 회의에 참석할 겁니까?

- Who is the woman with your mom?
  당신의 엄마와 같이 있는 여자는 누구입니까?

- Who is _____ this department?
  이 부서의 책임자는 누구입니까?

- Who is that woman _____ sunglasses?
  선글라스를 쓴 여자는 누구입니까?

- Who do I have to talk to _____ the project?
  그 프로젝트에 관해 누구와 얘기해야 합니까?

정답
» attending
» in charge of
» wearing
» about

A: Would you pick up James at the station today?

B: Sure, what does he look like?

A: He is tall and has a beard. You can recognize him straight away.

Key Point

pick up ~를 (차에) 태우러 가다/ 마중가다

have a beard 수염이 있다

beard 턱수염

mustache 코 밑 수염

recognize 알아보다

straight away 바로

A: 오늘 역으로 James 마중 좀 갈래?
B: 그래. 그는 어떻게 생겼지?
A: 키가 크고 수염이 있어. 바로 알아 볼거야.

A: Who will be attending the annual meeting?

B: Mike, and Jackson.

A: Do you know when the meeting starts?

B: Yes, it starts at two.

Key Point

annual meeting 연례회의

at two 두시에

A: 연례회의에 누가 참석하니?
B: Mike하고 Jackson.
A: 회의가 언제 시작하는지 아니?
B: 응, 두 시에 시작해.

49 월 스트리트(Wall Street)

오늘 배울 표현은 **현재까지 ~했습니다**

뉴욕의 브로드웨이부터 이스트 리버까지 길이 약 1km에 이르는 지역을 말한다. 이 지역은 미국 금융계의 중심지로 증권거래소를 비롯해 뉴욕연방은행, 모건스탠리 등 초대형 금융기관들이 집중되어 있어 세계 금융자본의 대명사로 통한다. 월 스트리트는 그 무엇보다도 금융과 경제적 권력을 상징한다.

미리보기

이번 랜드마크에서는 어떤 대화를 하는지 먼저 살펴볼까요?

원어민의 음성을 들어보세요.

English_49.mp3

1

A: What is Wall Street?
B: It is a financial district in lower Manhattan, New York City.

2

A: Are there many banks in the district?
B: Yes, many banks and the NYSE(New York Stock Exchange) are located there.

3

A: Can we go inside the stock exchange?
B: Unfortunately not! Since 9/11 the NYSE public gallery has been closed.

1

A: Wall Street은 무엇인가요?
B: 뉴욕시 맨해튼 아래에 있는 금융지역입니다.

2

A: 그 지역에 은행이 많나요?
B: 예, 많은 은행과 뉴욕증권 거래소가 있습니다.

3

A: 뉴욕증권 거래소 안에 들어갈 수 있나요?
B: 아니요! 9/11 사태이후로 관람석이 폐쇄되었습니다.

준비하기

오늘의 주요 단어입니다. 학습을 시작하기 전에 단어부터 살펴보아요.

- financial 금융의
- inside 내부의
- unfortunately 불행히도
- public gallery 방청객
- unemployed 실직한
- since ~이래로
- district 지역
- stock 주식
- exchange 교환, 교환하다
- stock exchange 증권거래소
- for weeks 몇 주 동안

실전여행

이정도 한마디는 랜드마크에서 꼭 해보아요. 패턴으로 완벽 암기하세요.

has[have] +과거분사 ~ 현재까지 ~했습니다

- It **has been** five years since I swam last.
  수영을 마지막으로 한 지가 5년이나 됐습니다.

- I **have studied** English for two years.
  2년 동안 영어 공부를 하고 있습니다.

- She **has been** ill for over a week.
  그녀가 병이 난지 벌써 일주일이 넘습니다.

- Lynda **has been** shopping for weeks.
  Lynda는 몇 주 동안 계속 쇼핑을 하고 있습니다.

- They **have been** unemployed for over six months.
  그들은 6개월 넘게 실직상태입니다.

tip
'have + 과거분사'는 과거부터 현재까지 어떤 동작이나 상황이 계속 이어지는 표현을 할 때 사용한다. 이때 전치사로 for, since가 접속사로 since가 함께 쓰인다.

일지쓰기

랜드마크에서 대화한 내용을 떠올리며 빈칸을 채워보세요.

1

A: What is Wall Street?

B: It is a _____ district in lower Manhattan, New York City.

A: Wall Street은 무엇인가요?
B: 뉴욕시 맨해튼아래에 있는 금융지역입니다.

2

A: Are there many banks in the _____?

B: Yes, many banks and the NYSE(New York Stock Exchange) are _____ there.

A: 그 지역에 은행이 많나요?
B: 예, 많은 은행과 뉴욕증권 거래소가 있습니다.

3

A: Can we go inside the NYSE?

B: Unfortunately not! _____ 9/11 the NYSE public gallery has been _____.

A: 뉴욕증권 거래소 안에 들어갈 수 있나요?
B: 아니요! 9/11 사태이후로 관람석이 폐쇄되었습니다.

정답
1 financial
2 district, located
3 Since, closed

50 University of California, Los Angeles(UCLA)

👉 오늘 배울 표현은 ~ **합니까?**

미국 캘리포니아주 로스앤젤레스 서쪽 웨스트우드에 있는 공립대학으로 1919년 설립되었다. 졸업생과 교수 포함 15명의 노벨상 수상자를 배출한 UCLA는 연구 중심 대학으로 다양한 대학 순위에서 명문으로 평가받는다. 이 대학 병원인 로널드 레이건 메디컬 센터는 전국적으로 알려져 있으며, 많은 할리우드 스타들과 영화감독들을 배출해 낸 학교로도 유명하다.

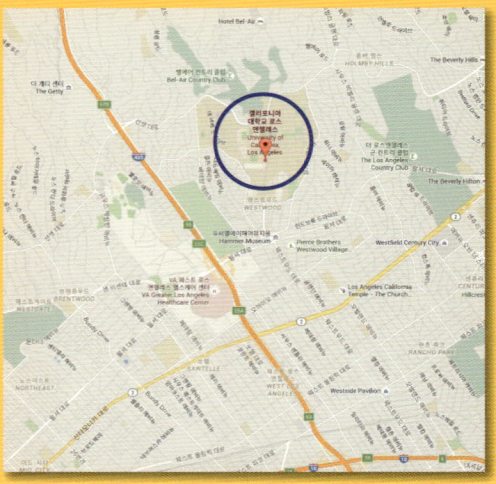

미리보기

이번 랜드마크에서는 어떤 대화를 하는지 먼저 살펴볼까요?

원어민의 음성을 들어보세요.

English_50.mp3

1
A: When was UCLA founded?
B: It was founded in 1919.

2
A: How many undergraduates are there in UCLA?
B: There are about 30,000 undergraduates.

3
A: Does UCLA provide housing for students?
B: Yes, more than 10,000 students live in the dormitory.

1
A: UCLA는 언제 설립되었나요?
B: 1919년에 설립되었습니다.

2
A: 학부생이 모두 몇 명인가요?
B: 약 3만 명입니다.

3
A: 대학에서 숙소를 제공하나요?
B: 예, 만 명 이상의 학생들이 기숙사에서 생활하고 있습니다.

준비하기

오늘의 주요 단어입니다. 학습을 시작하기 전에 단어부터 살펴보아요.

- found 설립하다
- provide 제공하다
- leave 떠나다
- be scheduled to ~할 예정이다
- the best time 가장 좋은 시간
- undergraduate 학부생, 대학생
- housing 주거
- last time 마지막으로
- invent 발명하다
- trip 여행

실전여행

이정도 한마디는 랜드마크에서 꼭 해보아요. 패턴으로 완벽 암기하세요.

When +be 동사 ~? ~ 합니까?

- **When is** the bus scheduled to leave?
  버스는 몇 시에 출발 예정입니까?

- **When is** the best time of the day for you?
  하루 중 언제가 당신에게 가장 편하겠습니까?

- **When was** the last time you saw a movie?
  영화를 마지막으로 본 게 언제입니까?

- **When was** the computer invented?
  컴퓨터는 언제 발명 되었습니까?

- **When are** you leaving for your trip?
  여행을 언제 떠납니까?

tip
When +be 동사 ~ ?는 시간이나 때를 물을때 사용하는 표현으로 이때 be동사는 주어의 수에 따라 또는 시제에 따라 다르게 사용되어야 한다.

일지쓰기

> 랜드마크에서 대화한 내용을 떠올리며 빈칸을 채워보세요.

1

A: When was UCLA _____?

B: It was founded in 1919.

A: UCLA는 언제 설립되었나요?
B: 1919년에 설립되었습니다.

2

A: How many _____ are there in UCLA?

B: There are _____ 30,000 undergraduates.

A: 학부생이 모두 몇 명인가요?
B: 약 3만 명입니다.

3

A: Does UCLA _____ housing for students?

B: Yes, more than 10,000 students live in the _____.

A: 대학에서 숙소를 제공하나요?
B: 예, 만 명 이상의 학생들이 기숙사에서 생활하고 있습니다.

정답
1. founded
2. undergraduates, about
3. provide, dormitory

기억하기

다음 빈칸에 들어갈 내용을 떠올리며
앞서 다녀온 랜드마크를 다시 기억해보세요.

49. 월 스트리트(Wall Street)

has[have] + 과거분사 ~   현재까지 ~했습니다

- It has **been five years** _____ I swam last.
  수영을 마지막으로 한 지가 5년이나 됐습니다.

- I **have studied** English _____ two years.
  2년 동안 영어 공부를 하고 있습니다.

- She _____ ill for over a week.
  그녀가 병이 난지 벌써 일주일이 넘습니다.

- Lynda **has been shopping** for weeks.
  Lynda는 몇 주 동안 계속 쇼핑을 하고 있습니다.

- They **have been** _____ for over six months.
  그들은 6개월 넘게 실직상태입니다.

정답
» since
» for
» has been
» unemployed

50. UCLA(University of California, Los Angeles)

When + be동사 ~ ?   ~ 합니까?

- **When is** the bus _____ to leave?
  버스는 몇 시에 출발 예정입니까?

- **When** _____ the best time of the day for you?
  하루 중 언제가 당신에게 가장 편하겠습니까?

- **When was** the last time you saw a movie?
  영화를 마지막으로 본 게 언제입니까?

- **When was** the computer _____?
  컴퓨터는 언제 발명 되었습니까?

- **When are** you _____ for your trip?
  여행을 언제 떠납니까?

정답
» scheduled
» is
» invented
» leaving

A: How long have you been studying English?
B: For five years.
A: Do you learn any other languages?
B: Yes, I learn Japanese.

A: 영어공부 얼마 동안 하고 있니?
B: 5년 동안.
A: 다른 언어도 배우니?
B: 응, 일본어도 배워.

Key Point

For five years. = I have been studying English for five years.

language 언어

Japanese 일본어

A: When are you leaving for your trip?
B: Tomorrow.
A: Is this your first time to visit China?
B: No, this is the second time.

A: 여행 언제 떠나니?
B: 내일 떠나.
A: 중국에는 처음 가니?
B: 아니, 이번이 두 번째야.

Key Point

leave 떠나다

the second time 두 번째

메모하기

➡ 지금까지 배운 내용을 떠올리며 정리해보세요.

메모하기

지금까지 배운 내용을 떠올리며 정리해보세요.

50패턴으로 여행하는
랜드마크 영어회화